Estamos muy orgullosos por elegir este libro

Volumen # 2
Niños de 3 - 6 años

Este es el **VOLUMEN #2**, recomendamos comenzar con el Volumen #1 para mayor entendimiento, sin embargo este libro también hace un repaso de las vocales y el abecedario pero a **MAYOR PROFUNDIDAD**.

Haremos divertidos ejercicios, dibujos, prácticas de trazos y la creación de sílabas simples (ma, me , mi, etc) y complejas (que, qui, cha, che, gue, gui, etc) para construir un sólido cimiento para el aprendizaje de la lectura.

Prestaremos especial atención a las letras L, M, P, S y T, ya que son muy importantes para el aprendizaje del vocabulario de forma natural, recordemos que nuestras primeras palabras son "mamá" o "papá".

Estamos aquí para apoyarlos en cada paso del camino y hacer que este proceso sea divertido y enriquecedor.

Amamos mucho a nuestros clientes, y escuchar sus comentarios es muy útil para nosotros. Si tiene unos minutos para escribir una reseña, le estaríamos muy agradecidos.

Su compra acaba de ayudar a una pequeña empresa.
Gracias por tu apoyo.

Olga Ochoa

Forma parte de la comunidad
Aprendiendo a leer

VOLUMEN 2

 Descarga gratuita de material exclusivo y NUEVO

 Encuentra consejos y recomendaciones

 Conecta y ayuda a otros padres o tutores

 **y más!**

ESCANEA EL CÓDIGO QR
PARA INGRESAR

Todo sobre mi

Mi nombre _____

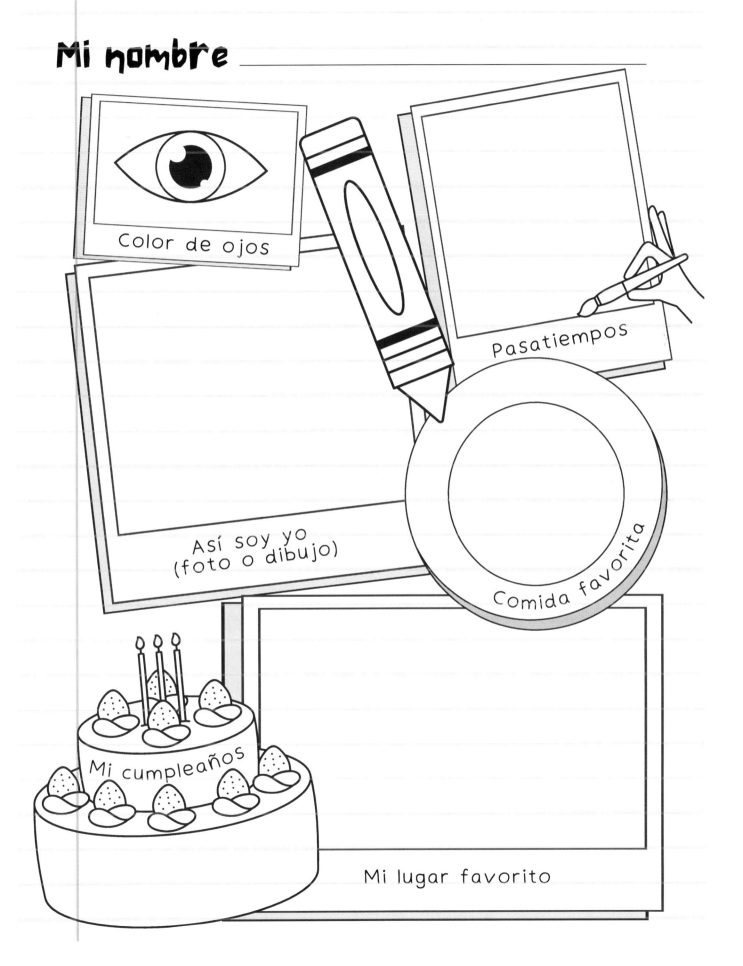

Color de ojos

Pasatiempos

Así soy yo
(foto o dibujo)

Comida favorita

Mi cumpleaños

Mi lugar favorito

Las vocales

traza con un color siguiendo la dirección de la flecha.

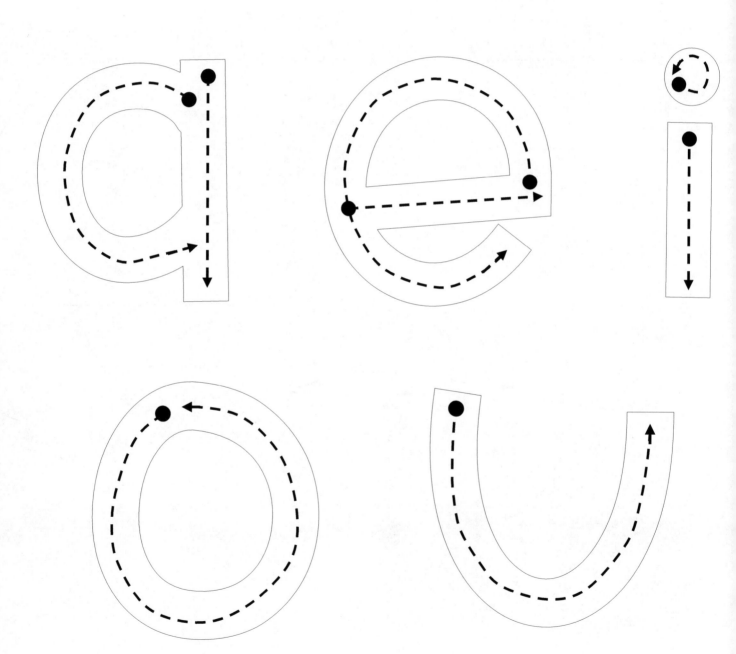

Traza las vocales

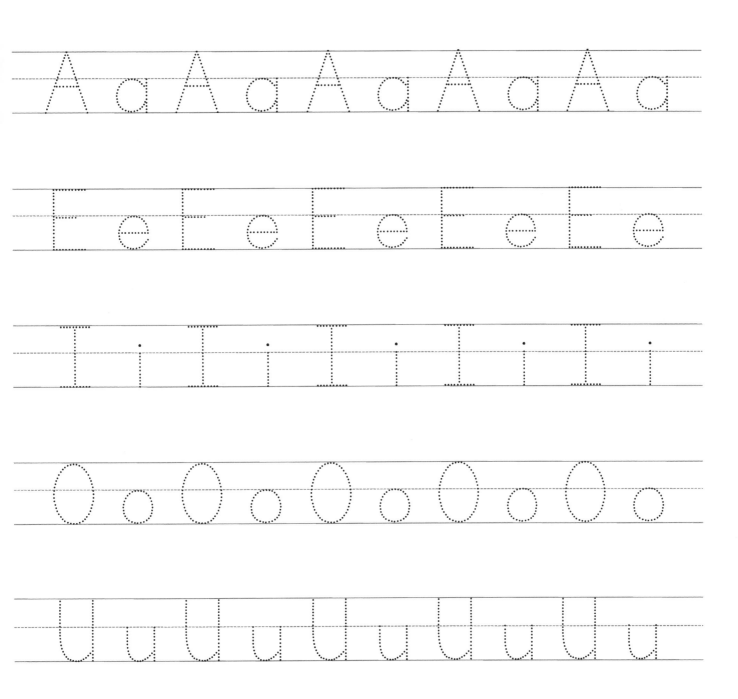

Las vocales

colorea las vocales y remarca el nombre de cada dibujo.

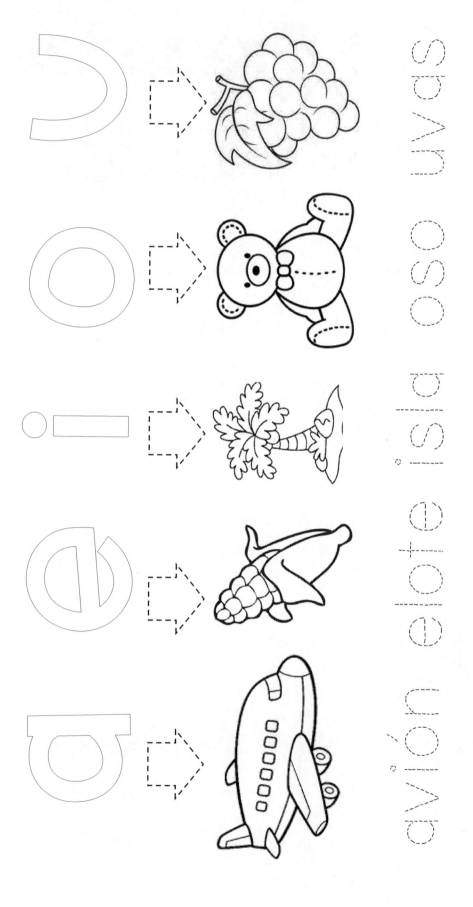

u → uvas

o → oso

i → isla

e → elote

a → avión

Palabras que comienzan con:

busca recortes en revistas y pega la letra que falta.

a

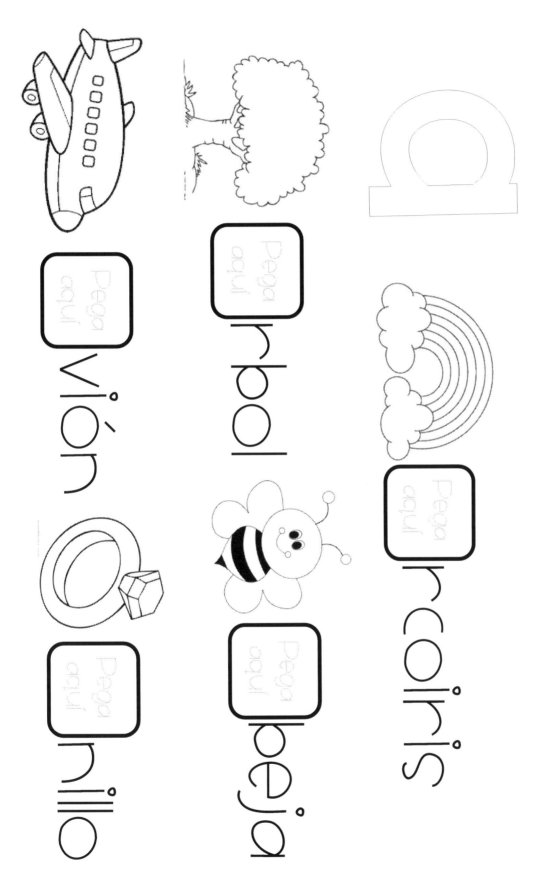

avión

árbol

arcoíris

anillo

abeja

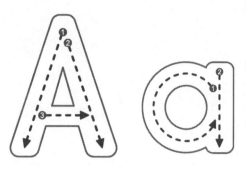

ENCUENTRA LA LETRA Y COLOREA

a	h	r	p	a
A	h	D	l	R
W	u	a	j	A
A	y	A	d	a
i	a	k	o	G

TRAZA

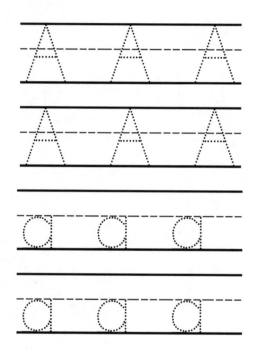

SIGUE LOS NÚMEROS Y CONECTA LOS PUNTOS

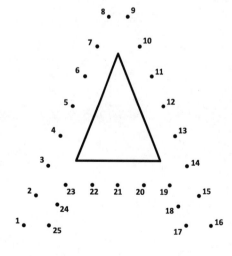

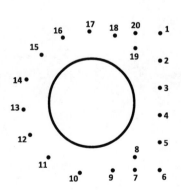

Palabras que comienzan con:

encierra las palabras que inicien con la letra que indica.
Ejemplo:

d ➡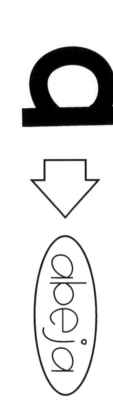

elote	amor	estrella
abanico	indio	abrazo
isla	ardilla	iguana
uvas	olla	árbol
oreja	amigo	oso

Sopa de letras

c	a	r	b	o	l	p	a	t	a	m	u
s	t	l	n	r	e	i	v	b	r	a	a
a	e	a	n	i	l	l	o	a	c	b	r
x	u	o	n	p	q	r	t	s	o	e	a
a	b	a	n	i	c	o	b	d	i	j	ñ
r	ñ	l	p	j	l	k	i	h	r	a	a
a	n	c	l	a	i	l	a	r	i	t	s
l	a	v	i	o	n	k	o	a	s	n	i

abanico   arcoiris   abeja   avión

ancla   anillo   árbol   araña

Palabras que comienzan con:

busca recortes en revistas y pega la letra que falta.

_strella

Pega aquí

_lefante

Pega aquí

_scaleta

Pega aquí

_scoba

Pega aquí

_lote

Pega aquí

DIBUJA ALGO QUE COMIENCE CON LA LETRA

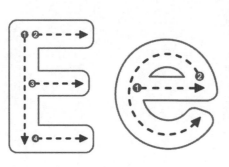

ENCUENTRA LA LETRA Y COLOREA

e	e	E	i	E
I	G	S	e	r
E	e	e	g	L
p	o	E	R	e
e	a	e	E	z

TRAZA

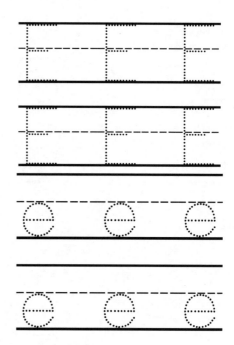

SIGUE LOS NÚMEROS Y CONECTA LOS PUNTOS

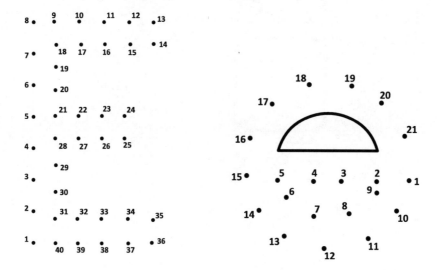

palabras que comienzan con:

encierra las palabras que inicien con la letra que indica.

Ejemplo:

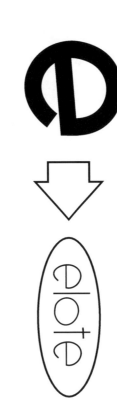

erizo   amor   estrella

abanico   indio   abrazo

isla   elefante   iguana

uvas   olla   escoba

escalera   amigo   oso

Sopa de letras

e	s	p	e	j	o	ñ	p	s	o	e	d
a	t	u	q	r	u	e	i	m	s	s	c
b	o	s	b	e	r	n	r	w	t	c	l
o	e	s	c	a	l	e	r	a	y	u	ñ
c	w	x	h	x	f	o	z	j	m	e	p
s	e	r	k	n	o	a	t	l	s	l	h
e	e	l	e	f	a	n	t	e	t	a	g
r	t	e	s	t	r	e	l	l	a	r	a

espejo   escalera   elefante   elote

escuela   enfermo   escoba   estrella

Palabras que comienzan con:

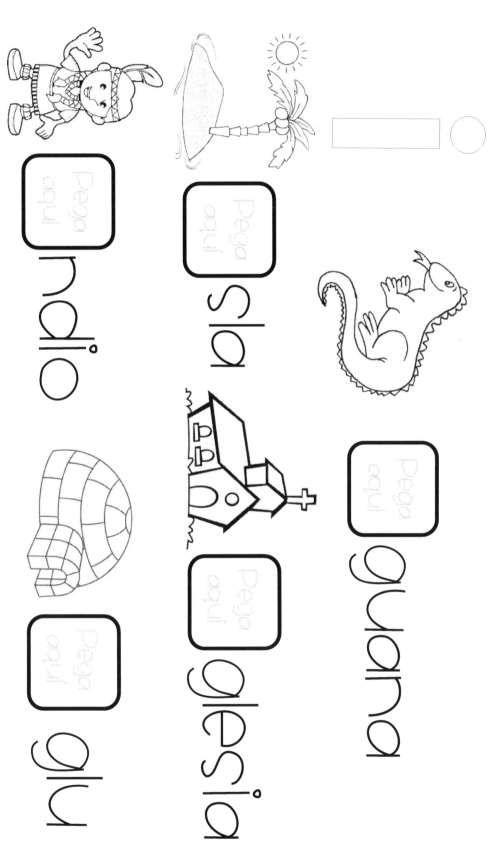

indio

isla

Pega aquí

Pega aquí

iguana

Pega aquí

iglesia

Pega aquí

iglú

Pega aquí

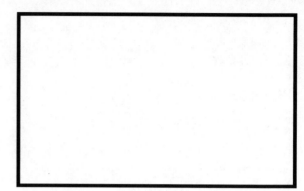

DIBUJA ALGO QUE COMIENCE CON LA LETRA

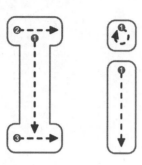

ENCUENTRA LA LETRA Y COLOREA

i	I	w	p	I
R	i	I	i	I
D	o	i	y	G
i	I	d	l	I
S	F	K	z	d

TRAZA

SIGUE LOS NÚMEROS Y CONECTA LOS PUNTOS

8 •   • 9

7 •   • 10

6 •   • 11

5 •   • 12

4 •   • 13

3 •   • 14

2 •   • 15

1 •   • 16

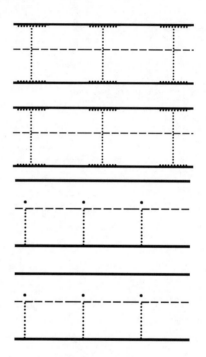

1 •   • 12

2 •   • 11

3 •   • 10

4 •   • 9

5 •   • 8

6 •   • 7

Palabras que comienzan con:

encierra las palabras que inicien con la letra que indica.

Ejemplo:

i

→ (imán)

elote

abanico

isla

uvas

iguana

amor

indio

ardilla

iglesia

amigo

estrella

abrazo

iglú

árbol

oso

Sopa de letras

a	s	i	g	l	u	f	g	j	e	s	i
q	w	e	i	n	c	e	n	d	i	o	n
z	i	m	a	n	q	d	h	d	c	n	s
a	g	g	j	c	r	c	j	i	f	m	e
z	u	d	m	i	g	l	e	s	i	a	c
x	a	q	w	e	s	j	k	l	ñ	s	t
c	n	n	m	v	c	l	x	z	a	f	o
z	a	y	t	i	d	e	a	j	j	k	k

imán

iguana

iglú

iglesia

isla

insecto

incendio

idea

Palabras que comienzan con:

busca recortes en revistas y pega la letra que falta.

Pega aquí

_reja

Pega aquí

_lla

_so

Pega aquí

Pega aquí

_veja

Pega aquí

_ruga

DIBUJA ALGO QUE COMIENCE CON LA LETRA

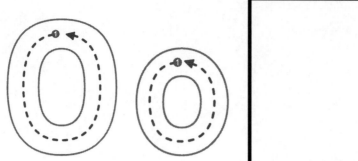

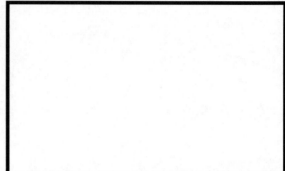

ENCUENTRA LA LETRA Y COLOREA

O	U	Z	k	o
l	o	o	E	O
P	X	D	e	o
o	f	q	o	O
S	o	O	U	p

TRAZA

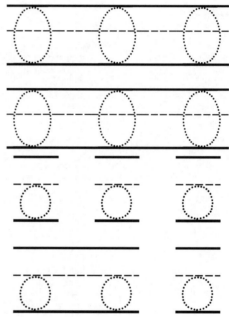

SIGUE LOS NÚMEROS Y CONECTA LOS PUNTOS

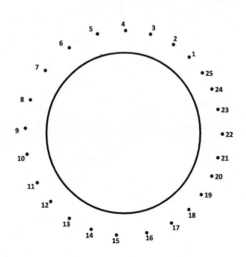

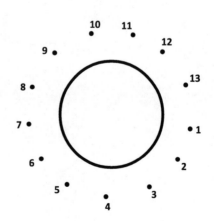

palabras que comienzan con:

O → (oso)

elote   olla   estrella

abanico   indio   abrazo

agro   ardilla   oruga

uvas   ojos   árbol

oreja   amigo   iguana

Sopa de letras

h	j	k	o	v	e	j	a	q	w	e	r
o	y	o	u	i	o	p	x	c	o	v	m
j	v	k	l	h	g	f	o	d	s	j	a
w	r	n	u	l	i	o	s	p	s	g	o
g	j	k	i	a	a	s	o	f	b	m	b
m	n	b	v	c	f	d	o	c	h	o	d
o	r	u	g	a	p	o	i	u	y	t	r
a	s	d	f	o	r	e	j	a	g	h	j

ovni   oveja   oso   oruga

oreja   olla   ojo   ocho

Palabras que comienzan con:

busca recortes en revistas y pega la letra que falta.

U

Pega aquí __rraca

Pega aquí __nicornio

Pega aquí __vas

Pega aquí __ña

Pega aquí __no

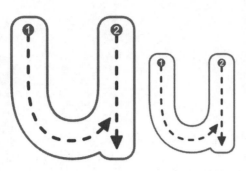

ENCUENTRA LA LETRA Y COLOREA

u	d	u	j	u
U	U	k	l	U
u	Q	u	R	U
k	L	U	N	u
R	u	U	O	P

TRAZA

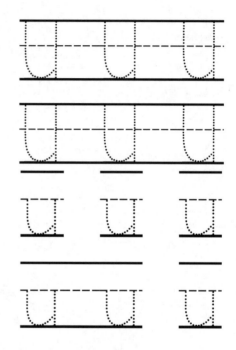

SIGUE LOS NÚMEROS Y CONECTA LOS PUNTOS

13 •   •14   23 •   •1

12 •   •15   22 •   •2   13 •   •14   23 •   •1

11 •   •16   21 •   •3   12 •   •15   22 •   •2

10 •   •17   20 •   •4   11 •   •16   21 •   •3

   18   19   10 •   •17   20 •   •4

9 •   18   19

8   7   6   •5   9 •   8   7   6   •5

Palabras que comienzan con:

encierra las palabras que inicien con la letra que indica.

Ejemplo:

U 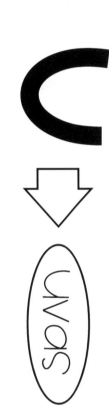 (uvas)

elote	amor	unicornio
abanico	urraca	abrazo
isla	ardilla	ungüento
uña	olla	árbol
oreja	uno	oso

Sopa de letras

q	r	u	n	i	c	o	r	n	i	o	u
u	r	r	a	c	a	g	h	o	i	u	n
a	d	g	j	l	ñ	d	s	b	m	ñ	i
q	u	r	u	n	i	c	i	c	l	o	f
u	e	n	b	y	i	o	u	d	h	l	o
ñ	g	y	o	m	n	b	x	v	b	y	r
a	q	p	w	o	e	u	r	t	a	f	m
j	u	n	i	v	e	r	s	o	f	s	e

urraca

uno

universo

unicornio

uña

uvas

uniforme

uniciclo

Completa los espacios con vocales

G L   B

B   L S

F R   S

P   R R

R   T   N

L   P   Z

Q   S

H   V

L   C H

Dictado

1.- _____

2.- _____

3.- _____

4.- _____

5.- _____

ENCUENTRA LA LETRA Y COLOREA

S	M	d	m	G
a	F	Z	e	I
m	t	M	l	M
x	M	s	m	F
r	x	m	h	M

TRAZA

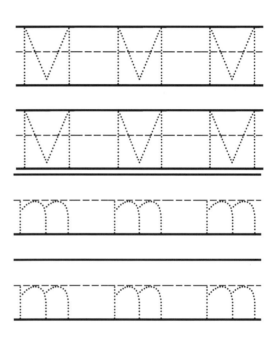

SIGUE LOS NÚMEROS Y CONECTA LOS PUNTOS

Letra M

traza la letra que corresponde y sigue su dirección.

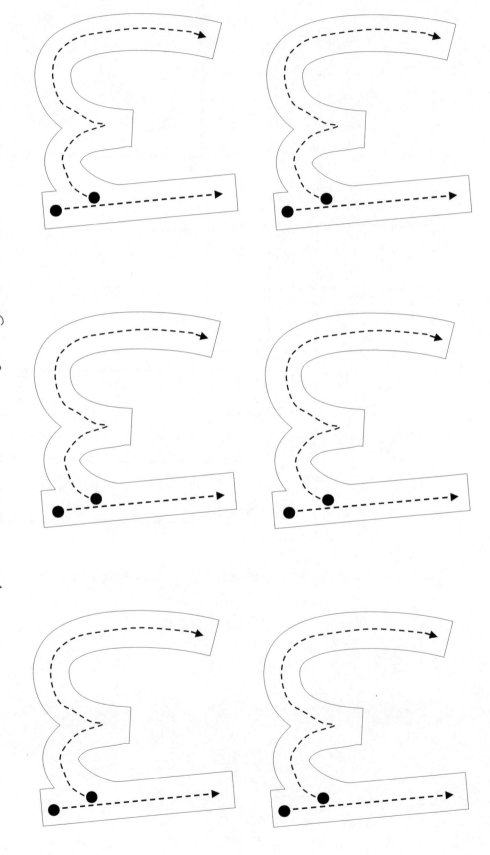

Letra M

pronuncia la letra con la vocal y descubre la sílaba.

m + a → ma

m + e·i → me mi

m + o → mo

m + u → mu

Palabras que ue comienzan con:

une con una línea la sílaba con el dibujo correspondiente.

ma   me   mi   mo   mu

mesa   mochila   muñeca   mano   micrófono

Trazo

Palabras que comienzan con:

ma	me	mi	mo	mu

---

mesa	micrófono	maleta	meta	misa
mimo	mono	moño	murciélago	moto
mano	música	memo	masa	mina

La sílaba que falta

escribe en cada espacio la sílaba que falta.

ma me mi mo mu

_____ leta

_____ to

_____ rciélago

_____ dusa

_____ el

_____ no

_____ lón

_____ nzana

Dictado

1.- _____

2.- _____

3.- _____

4.- _____

5.- _____

ENCUENTRA LA LETRA Y COLOREA

s	E	s	P	s
a	S	F	I	S
B	Q	S	D	S
q	S	t	s	D
S	C	p	u	S

TRAZA

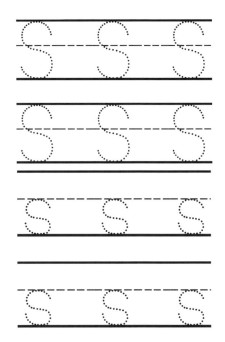

SIGUE LOS NÚMEROS Y CONECTA LOS PUNTOS

Letra s

traza la letra que corresponde y sigue su dirección.

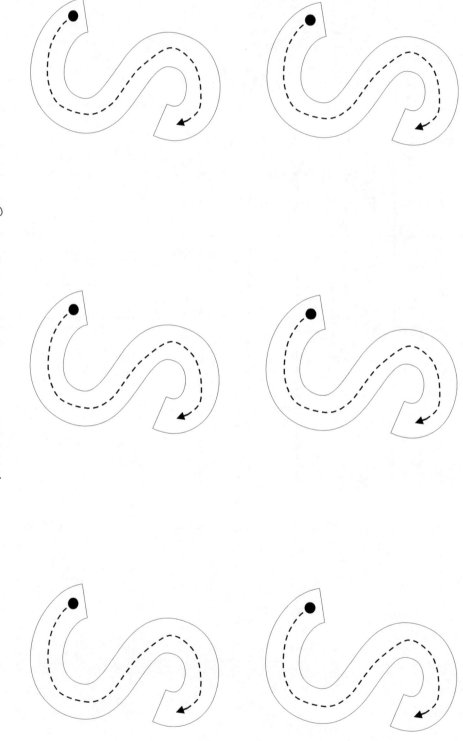

Letras

pronuncia la letra con la vocal y descubre la sílaba.

s + u → su

s + o → so

s + i → si

s + e → se

s + a → sa

Palabras que comienzan con:

une con una línea la sílaba con el dibujo correspondiente.

si •

se •

su •

so •

sa •

silla

semáforo

sandía

suéter

sol

Trazo

Palabras que comienzan con:

sa	se	si	so	su

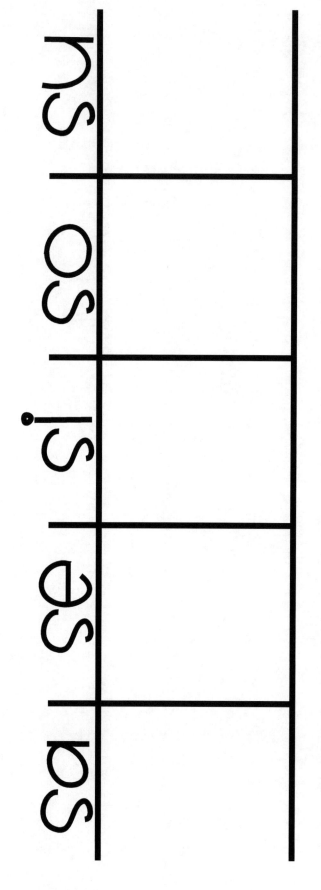

Banco de palabras:

silla · sol · semáforo · soldado · suma · seis · sal · sombrero · sirena · susi · sendero · sastre · saco · sismo · submarino

La silaba que falta

escribe en cada espacio la sílaba que falta.

sa   se   si   so   su

_____ ldado

_____ éter

_____ lla

_____ l

1+2=3

_____ ma

_____ máforo

_____ po

_____ ndía

Dictado

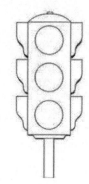

1.- _____

2.- _____

3.- _____

4.- _____

5.- _____

DIBUJA ALGO QUE COMIENCE CON LA LETRA

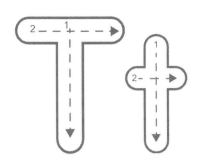

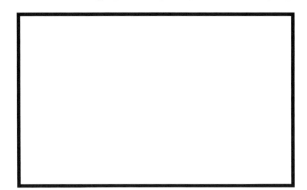

ENCUENTRA LA LETRA Y COLOREA

T	t	K	T	J
v	L	h	t	T
T	p	j	T	g
O	t	f	Q	t
i	P	N	T	M

TRAZA

SIGUE LOS NÚMEROS Y CONECTA LOS PUNTOS

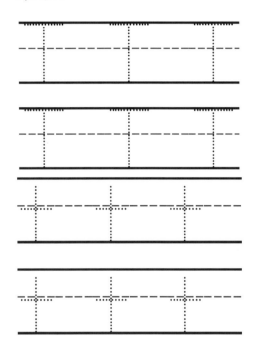

Letra t

traza la letra que corresponde

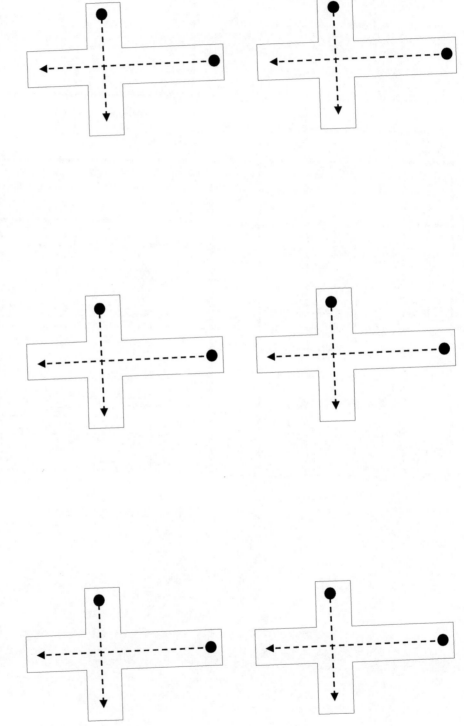

t + c
t + o
t + i
t + e
t + a

↓ ↓ ↓ ↓ ↓

tu to ti te ta

Palabras que comienzan con:

une con una línea la sílaba con el dibujo correspondiente.

ta • te • ti • to • tu •

taco

tucán

telaraña

tomate

tiburón

Trazo

Palabras que comienzan con:

ta	te	ti	to	tu

tortuga | telaraña | tuna | taza | teléfono

tamal | tina | tamarindo | toro | tucán

tenis | tos | tiza | tumba | tigre

La sílaba que falta

escribe en cada espacio la sílaba que falta.

ta   te   ti   to   tu

_____ mate

_____ co

cán _____

_____ gre

_____ burón

_____ laraña

_____ mbor

_____ léfono

Dictado

1.- _____

2.- _____

3.- _____

4.- _____

5.- _____

DIBUJA ALGO QUE COMIENCE CON LA LETRA

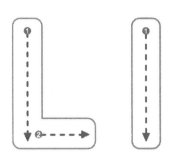

ENCUENTRA LA LETRA Y COLOREA

L	S	s	D	L
a	l	L	H	I
r	L	r	y	L
M	I	g	L	K
L	N	B	A	Z

TRAZA

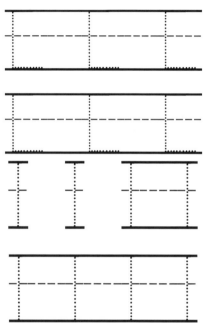

SIGUE LOS NÚMEROS Y CONECTA LOS PUNTOS

8 •   • 9
7 •   • 10
6 •   • 11
5 •   • 12
4 •   • 13
3 •   • 14
2 •   15   16   17   18   19
1 •   24   23   22   21   20

8 •   • 9
7 •   • 10
6 •   • 11
5 •   • 12
4 •   • 13
3 •   • 14
2 •   • 15
1 •   • 16

Letra l

traza la letra que corresponde y sigue su dirección.

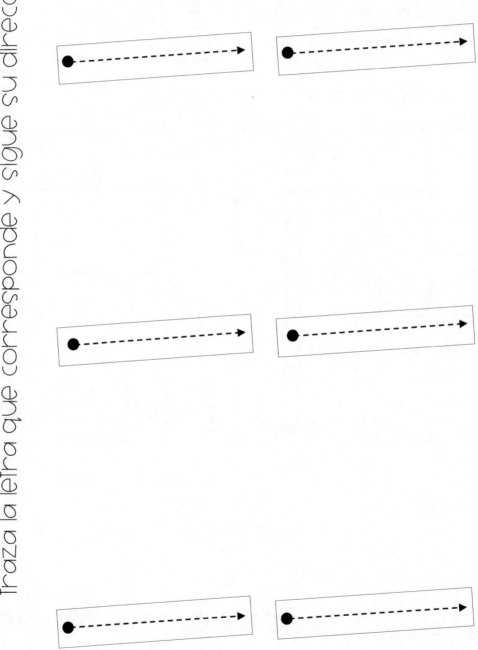

Letra l

pronuncia la letra con la vocal y descubre la sílaba.

l	l	l	l	l
+	+	+	+	+
a	e·i	o	u	
↓	↓	↓	↓	↓
la	le·li	lo	lu	

Palabras que comienzan con:

une con una línea la sílaba con el dibujo correspondiente.

la   le   li   lo   lu

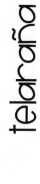

loro

lentes

telaraña

lata

libro

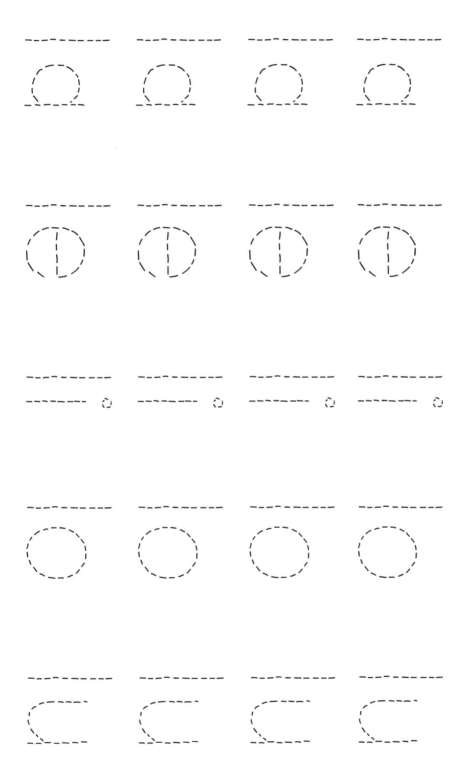

Trazo

Palabras que comienzan con:

la	le	li	lo	lu

---

lupa	lima	lodo	lenteja	luna
lago	lengua	lunes	lata	lombriz
lista	loro	largo	liston	lentes

La sílaba que falta

escribe en cada espacio la sílaba que falta.

la   le   li   lo   lu

____ na

____ ta

____ ngua

____ món

____ ntes

____ bro

____ pa

____ ro

Dictado

1.- _____

2.- _____

3.- _____

4.- _____

5.- _____

DIBUJA ALGO QUE COMIENCE CON LA LETRA

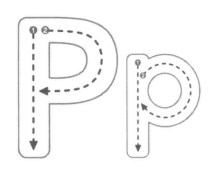

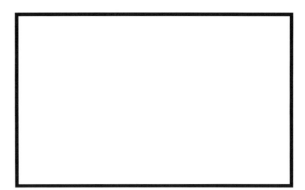

ENCUENTRA LA LETRA Y COLOREA

P	T	S	s	P
s	p	W	P	t
A	p	P	O	j
p	X	h	p	Y
P	Z	D	E	P

TRAZA

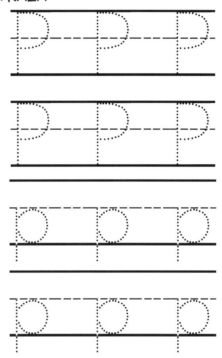

SIGUE LOS NÚMEROS Y CONECTA LOS PUNTOS

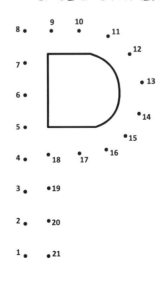

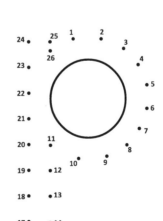

Letra P

traza la letra que corresponde y sigue su dirección.

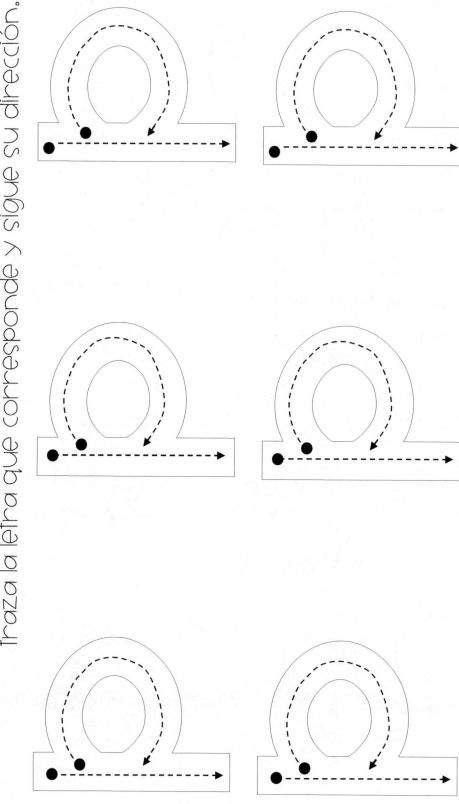

Letra P

pronuncia la letra con la vocal y descubre la sílaba.

p + a → pa

p + e → pe

p + i → pi

p + o → po

p + u → pu

Palabras que comienzan con:

une con una línea la sílaba con el dibujo correspondiente.

pa   pe   pi   po   pu

piña

pulpo

pato

pollito

pelota

Trazo

Palabras que comienzan con:

pa	pe	pi	po	pu

pila	pony	pajaro	piedra	pato
pera	pico	pelota	puma	pez
pulga	parche	punta	pozo	pino

La sílaba que falta

escribe en cada espacio la sílaba que falta.

pa pe pi po pu

___ lota

___ ña

___ llito

___ raguas

___ to

___ no

___ lpo

___ jaro

Dictado

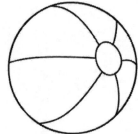

1.- _____

2.- _____

3.- _____

4.- _____

5.- _____

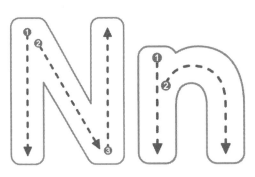

ENCUENTRA LA LETRA Y COLOREA

N	l	L	J	B
D	i	n	K	N
n	N	m	o	n
l	d	N	q	B
N	z	n	K	n

TRAZA

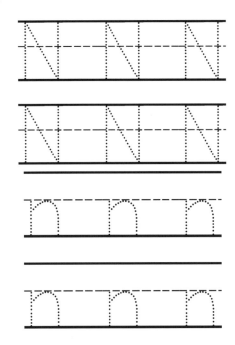

SIGUE LOS NÚMEROS Y CONECTA LOS PUNTOS

Letra N

traza la letra que corresponde y sigue su dirección.

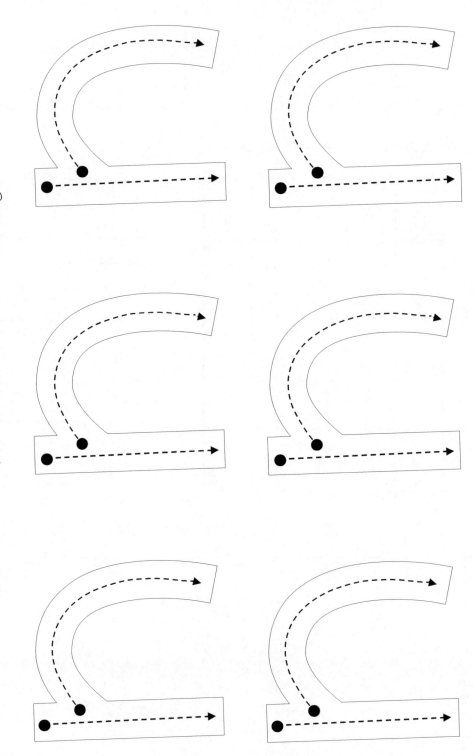

n + a →

n + e →

n + i →

n + o →

n + u →

na

ne

ni

no

nu

Palabras que comienzan con:

une con una línea la sílaba con el dibujo correspondiente.

na   ne   ni   no   nu

niños   nube   naranja   nopal   nene

Trazo

Palabras que comienzan con:

na	ne	ni	no	nu

nado / nota / nene

nuez / nido / nube

niño / nata / noche

nariz / niña / nevera

novia / negro / nudo

La silaba que falta

escribe en cada espacio la sílaba que falta.

na ne ni no nu

_____ riz

_____ eve

_____ vera

_____ ez

_____ ve

_____ do

_____ che

_____ do

Dictado

1.- _____

2.- _____

3.- _____

4.- _____

5.- _____

DIBUJA ALGO QUE COMIENCE CON LA LETRA

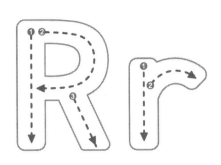

ENCUENTRA LA LETRA Y COLOREA

R	r	o	R	R
R	t	k	r	R
K	L	r	P	R
r	W	q	r	h
R	R	G	I	R

TRAZA

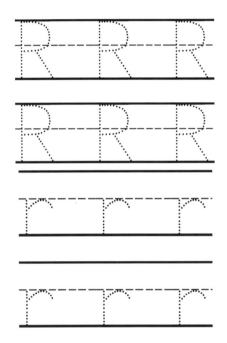

SIGUE LOS NÚMEROS Y CONECTA LOS PUNTOS

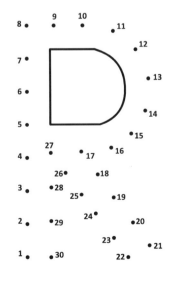

Letra r

traza la letra que corresponde y sigue su dirección.

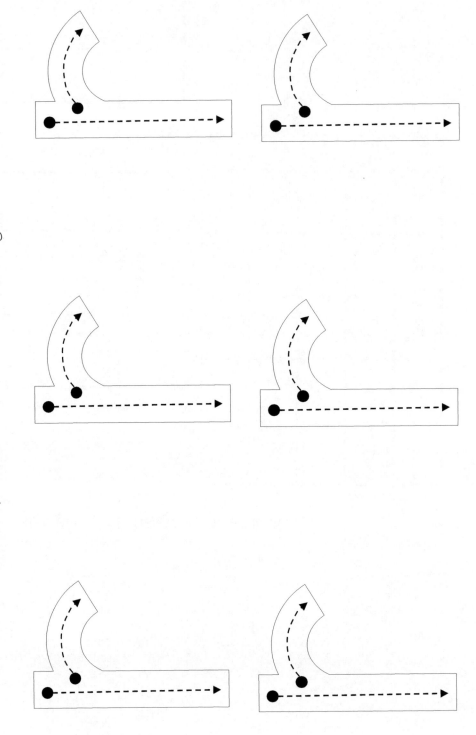

r + u → ru

r + o → ro

r + i → ri

r + e → re

r + a → ra

Palabras que comienzan con:

une con una línea la sílaba con el dibujo correspondiente.

ra   re   ri   ro   ru

•   •   •   •   •

•   •   •   •   •

rosa

regla

rueda

ratón

rinoceronte

Trazo

Palabras que comienzan con:

ra	re	ri	ro	ru

rosa	rama	remo	risa	ratón
rio	rojo	rana	reto	rueda
reloj	roto	ruina	rima	reno

La sílaba que falta

escribe en cada espacio la sílaba que falta.

ra re ri ro ru

____ sa

____ mo

____ no

____ loj.

____ yo

____ ma

____ galo

____ pa

Dictado

1.- _____

2.- _____

3.- _____

4.- _____

5.- _____

DIBUJA ALGO QUE COMIENCE CON LA LETRA

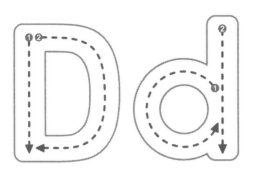

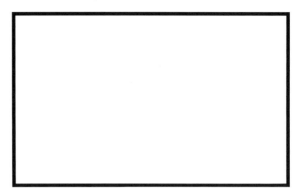

ENCUENTRA LA LETRA Y COLOREA

D	r	W	d	D
w	d	i	D	D
Z	S	D	r	P
D	e	K	r	L
d	D	o	d	X

TRAZA

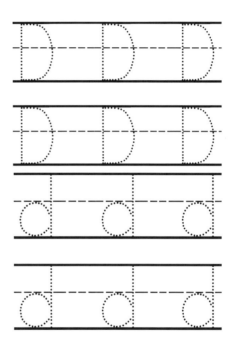

SIGUE LOS NÚMEROS Y CONECTA LOS PUNTOS

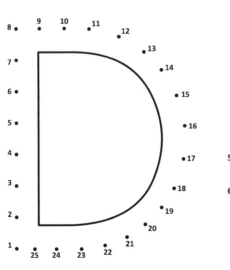

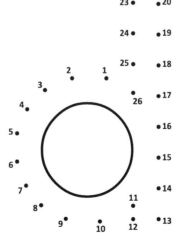

Letra d

traza la letra que corresponde y sigue su direción.

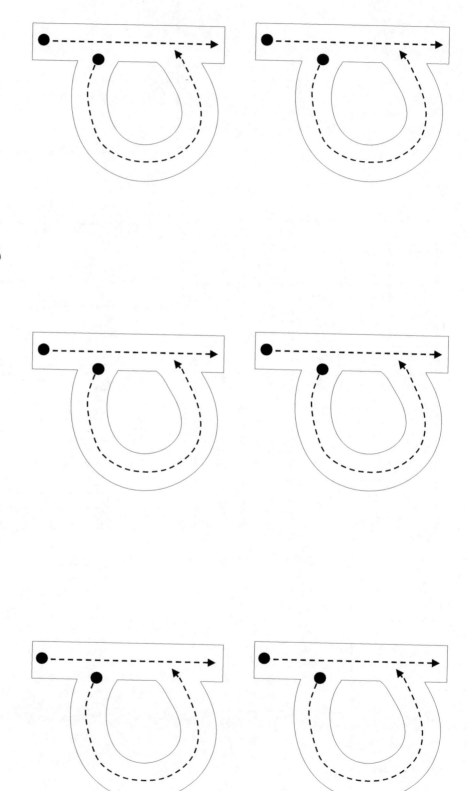

Letra d

d + a → da

d + e → de

d + i → di

d + o → do

d + u → du

Palabras que comienzan con:

une con una línea la sílaba con el dibujo correspondiente.

da   de   di   do   du

•   •   •   •   •

•   •   •   •   •

dinero   dado   dulce   dona   delfín

Trazo

Palabras que comienzan con:

da	de	di	do	du

dedo	dona	dado	día	ducha
dama	dulce	dino	delfín	dos
dinero	deporte	domino	durazno	danza

La sílaba que falta

escribe en cada espacio la sílaba que falta.

da de di do du

_____ mino

_____ no

_____ cha

_____ ente

2 _____ s

_____ do

_____ razno

_____ ctor

Dictado

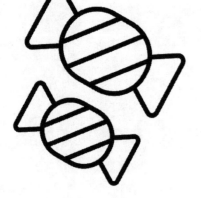

1.- _____

2.- _____

3.- _____

4.- _____

5.- _____

DIBUJA ALGO QUE COMIENCE CON LA LETRA

ENCUENTRA LA LETRA Y COLOREA

c	C	c	D	c
f	c	U	C	s
C	s	C	c	O
Y	c	d	c	C
C	D	C	G	c

TRAZA

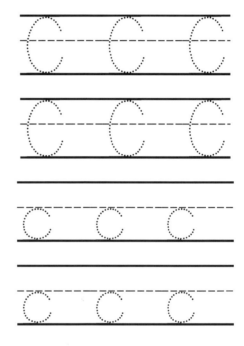

SIGUE LOS NÚMEROS Y CONECTA LOS PUNTOS

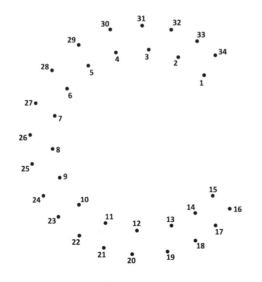

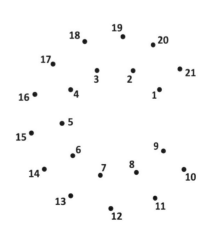

Letra c

traza la letra que corresponde y sigue su dirección.

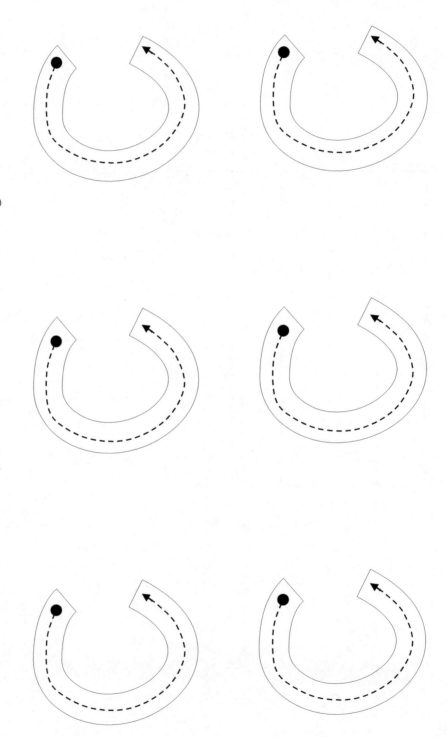

Letra c

c + a → ca

c + e → ce   Suena suave

c + i → ci   Suena suave

c + o → co   Suena suave

c + u → cu

Palabras que comienzan con:

une con una línea la sílaba con el dibujo correspondiente.

ca   ce   ci   co   cu

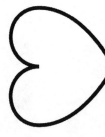

corazón

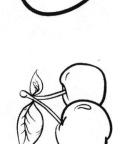

cereza

casa

cuchara

circo

Trazo

Palabras que comienzan con:

ca	ce	ci	co	cu

casa | cuchara | cepillo | cinturón | conejo
cereza | corazón | caja | cubo | cama
corona | cielo | cuna | cena | cine

La sílaba que falta

escribe en cada espacio la sílaba que falta.

ca   ce   ci   co   cu

_____ labaza

_____ rona

_____ na

_____ rro

_____ elo

_____ nejo

_____ aderno

_____ lular

Dictado

1.- _____

2.- _____

3.- _____

4.- _____

5.- _____

DIBUJA ALGO QUE COMIENCE CON LA LETRA

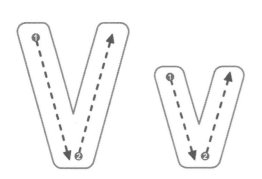

ENCUENTRA LA LETRA Y COLOREA

A	V	v	h	V
v	B	V	g	v
V	f	i	B	V
v	j	D	R	E
I	k	V	n	v

TRAZA

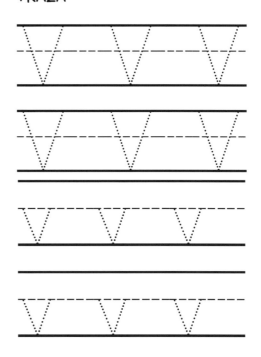

SIGUE LOS NÚMEROS Y CONECTA LOS PUNTOS

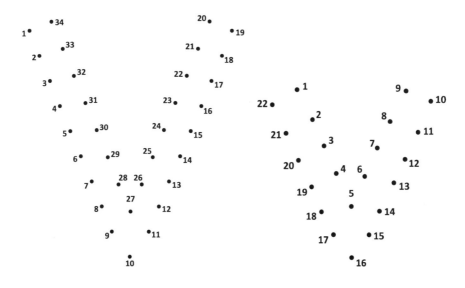

Letra V

traza la letra que corresponde y sigue su dirección.

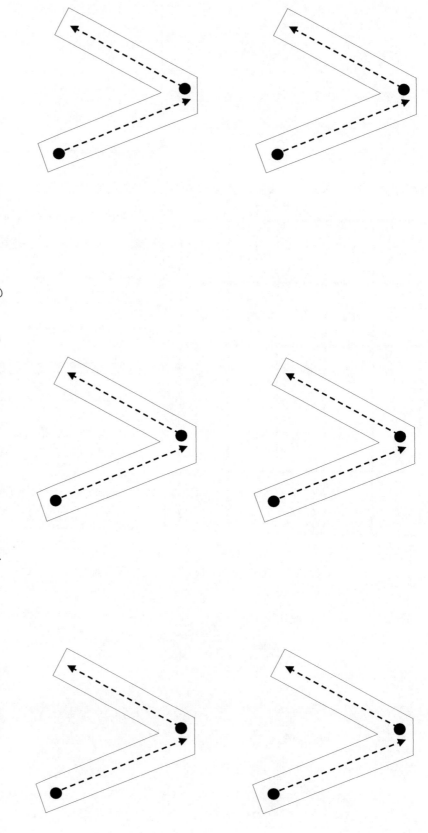

Letra v

pronuncia la letra con la vocal y descubre la sílaba.

v + a → va

v + e → ve

v + i → vi

v + o → vo

v + u → vu

Palabras que comienzan con:

une con una línea la sílaba con el dibujo correspondiente.

va   ve   vi   vo   vu

•   •   •   •   •

•   •   •   •   •

volcán   vaca   viento   vuelo   vela

Trazo

Palabras que comienzan con:

va	ve	vi	vo	vu

---

vela	vibora	voto	voz	vecino
volcán	vueta	vara	villa	vuela
vaso	vida	venado	vuelo	vaca

La sílaba que falta

escribe en cada espacio la sílaba que falta.

va   ve   vi   vo   vu

____ stido

____ so

____ ntana

____ ca

____ vara

____ lcan

____ elta

____ lero

Dictado

1.- _____

2.- _____

3.- _____

4.- _____

5.- _____

DIBUJA ALGO QUE COMIENCE CON LA LETRA

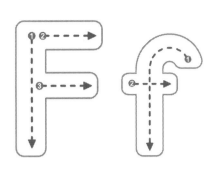

ENCUENTRA LA LETRA Y COLOREA

F	E	D	g	F
f	Y	F	l	f
q	f	I	k	f
F	f	r	z	F
I	O	F	P	C

TRAZA

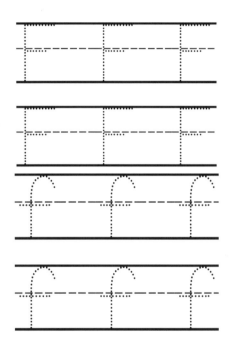

SIGUE LOS NÚMEROS Y CONECTA LOS PUNTOS

Letra f

traza la letra que corresponde y sigue su dirección.

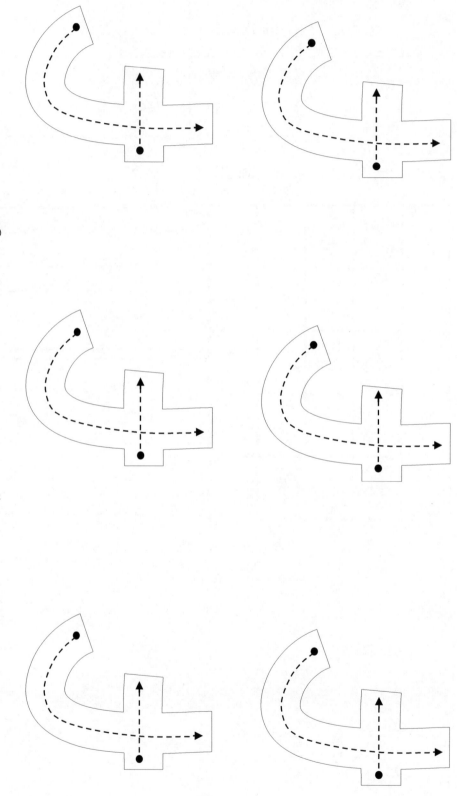

f + c → fc

f + o → fo

f + i·e → fe

f + a → fa

Palabras que comienzan con:

une con una línea la sílaba con el dibujo correspondiente.

fu •

fo •

fi •

fe •

fa •

• feria

• fuente

• faro

• fiesta

• foco

Trazo

Palabras que comienzan con:

fa	fe	fi	fo	fu

falda	feroz	fantasma	fideo	fiesta
fuego	foca	foto	fuerte	foco
feria	figura	función	familia	feliz

La silaba que falta

escribe en cada espacio la silaba que falta.

fa   fe   fi   fo   fu

_____ ego

_____ ca

_____ ntasma

_____ ente

_____ liz

_____ milia

_____ co

_____ deo

Dictado

1.- _____

2.- _____

3.- _____

4.- _____

5.- _____

DIBUJA ALGO QUE COMIENCE CON LA LETRA

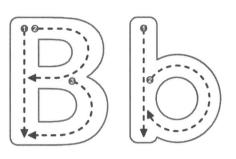

ENCUENTRA LA LETRA Y COLOREA

B	b	F	b	E
l	y	b	y	j
o	B	x	i	B
b	p	b	p	d
B	w	x	B	X

TRAZA

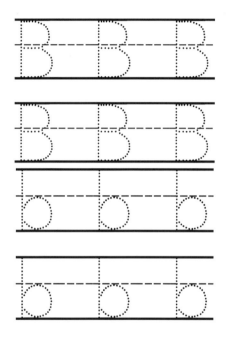

SIGUE LOS NÚMEROS Y CONECTA LOS PUNTOS

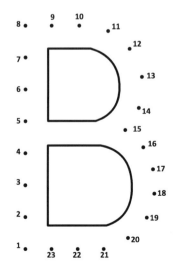

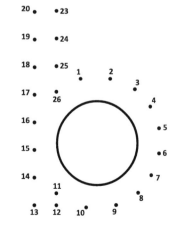

Letra b

traza la letra que corresponde y sigue su dirección.

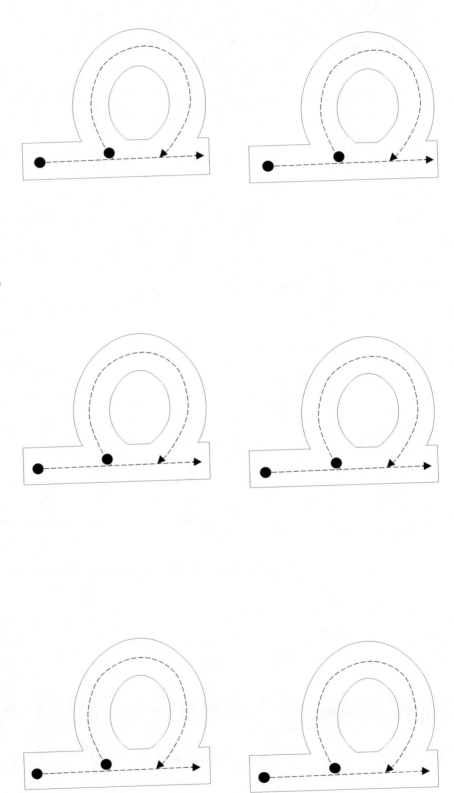

Letra b

pronuncia la letra con la vocal y descubre la sílaba.

b + a → ba

b + e → be

b + i → bi

b + o → bo

b + u → bu

Palabras que comienzan con:

une con una línea la sílaba con el el dibujo correspondiente.

bu •

bo •

bi •

be •

ba •

•
boca

•
ballena

•
bebé

•
búho

•
bicicleta

Trazo

Palabras que comienzan con:

ba	be	bi	bo	bu

---

barco	burro	beso	bigote	bote
buque	bicicleta	bala	bebé	boca
borrego	biberón	bandera	bestia	buzo

La silaba que falta

escribe en cada espacio la sílaba que falta.

ba   be   bi   bo   bu

_____ rro

_____ rco

_____ bé

_____ cicleta

_____ gote

_____ llena

_____ berón

_____ zo

Dictado

1.- _____

2.- _____

3.- _____

4.- _____

5.- _____

DIBUJA ALGO QUE COMIENCE CON LA LETRA

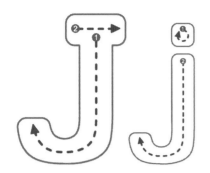

Draw a picture that starts with the letter J.

ENCUENTRA LA LETRA Y COLOREA

J	r	G	j	J
j	s	g	H	J
a	j	J	j	Y
J	F	y	H	J
D	J	J	j	P

TRAZA

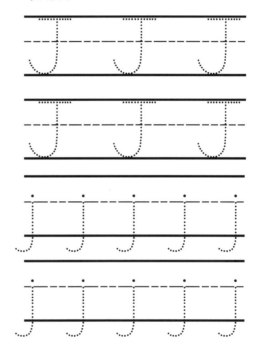

SIGUE LOS NÚMEROS Y CONECTA LOS PUNTOS

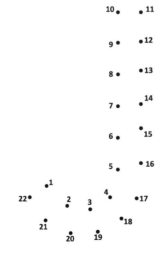

Letra J

traza la letra que corresponde y sigue su dirección.

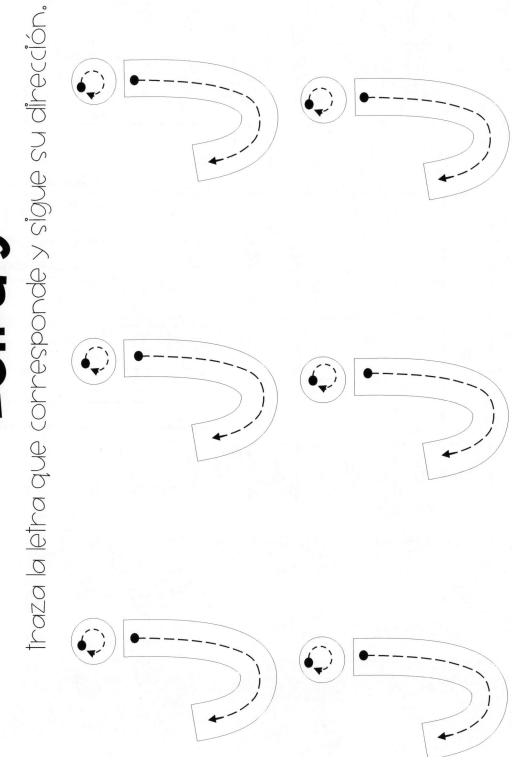

Letra j

pronuncia la letra con la vocal y descubre la sílaba.

j + a → ja

j + e → je

j + i → ji

j + o → jo

j + u → ju

Palabras que comienzan con:

une con una línea la sílaba con el dibujo correspondiente.

ja   je   ji   jo   ju

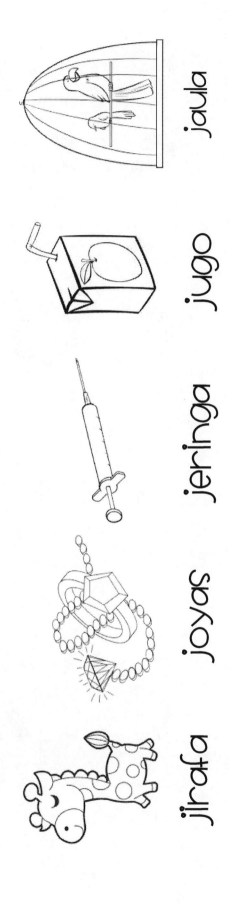

jirafa   joyas   jeringa   jugo   jaula

Trazo

Palabras que comienzan con:

ja	je	ji	jo	ju

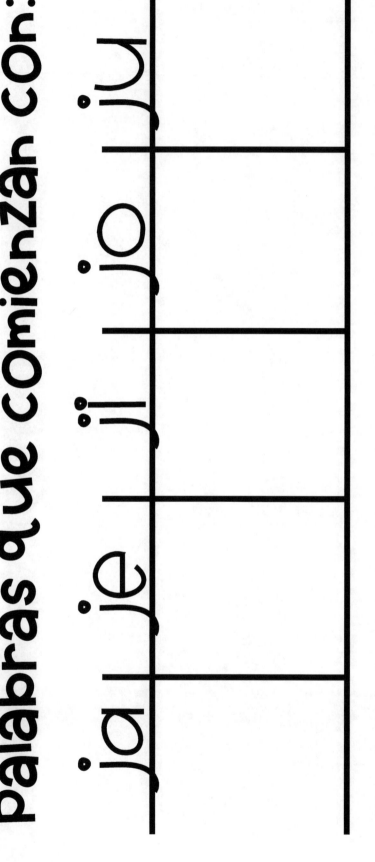

jengibre	jitomate	jinete
jueves	junta	jardín
jícama	jefe	joroba
jamón	joven	juguete
joya	jaula	jeringa

La sílaba que falta

escribe en cada espacio la sílaba que falta.

ja je ji jo ju

_____ guetes

_____ ula

_____ rra

_____ go

_____ bón

_____ rdín

_____ yería

_____ rafa

Dictado

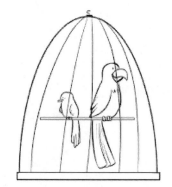  

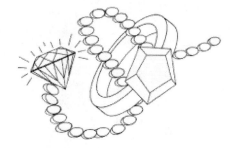 

1.- _____

2.- _____

3.- _____

4.- _____

5.- _____

Letra ñ

traza la letra que corresponde y sigue su dirección.

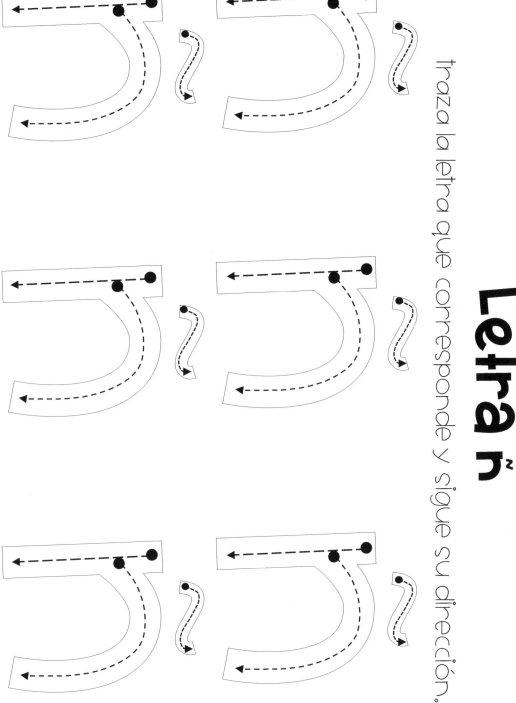

Letra ñ

ña   ñe   ñi   ño   ñu

↑   ↑   ↑   ↑   ↑

a   e   i   o   u

+   +   +   +   +

ñ   ñ   ñ   ñ   ñ

Palabras que comienzan con:

Une con una línea la sílaba con el dibujo correspondiente.

ña ñe ñi ño ñu

• • • • •

albañil

pañuelo

muñeca

araña

bañera

Trazo

Palabras que comienzan con:

ña ñe ñi ño ñu

uña	baño	muñeca
mañana	buñuelo	niñera
albañil	cabaña	sueño

pañuelo
meñique
bañera

dañino
niño
buñuelo

La sílaba que falta

escribe en cada espacio la sílaba que falta.

ña   ñe   ñi   ño   ñu

pa ____ elo

____ alba

ni ____

____ caba

mo ____

me ____ que

u ____

sue ____

Dictado

 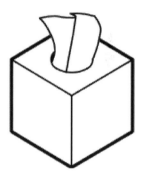

1.- _____

2.- _____

3.- _____

4.- _____

5.- _____

DIBUJA ALGO QUE COMIENCE CON LA LETRA

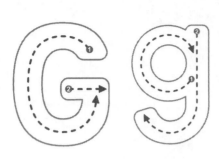

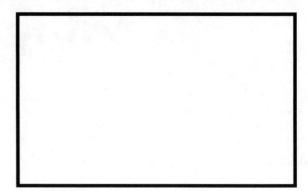

ENCUENTRA LA LETRA Y COLOREA   TRAZA

D	d	g	j	D
G	y	G	g	G
e	G	G	g	G
g	H	d	G	I
T	A	g	k	j

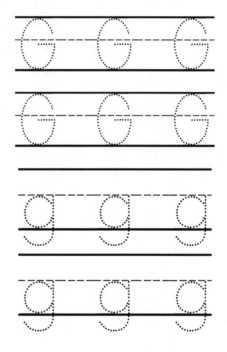

SIGUE LOS NÚMEROS Y CONECTA LOS PUNTOS

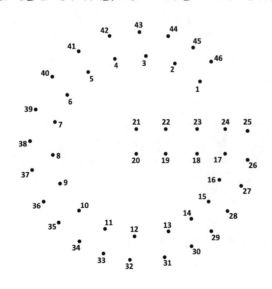

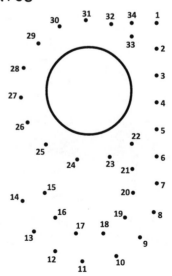

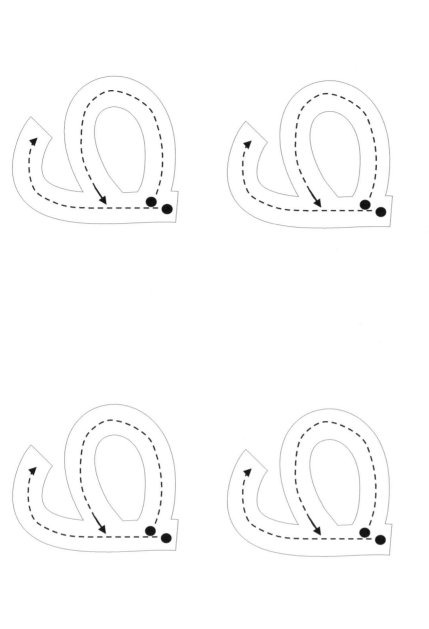

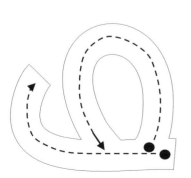

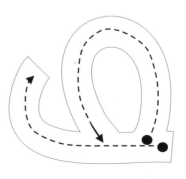

Letra g

pronuncia la letra con la vocal y descubre la sílaba.

ga   ge   gi   go   gu

↑   ↑   ↑   ↑   ↑

a   e   i   o   u

+   +   +   +   +

g   g   g   g   g

Palabras que comienzan con:

une con una línea la sílaba con el dibujo correspondiente.

ga · ge · gi · go · gu

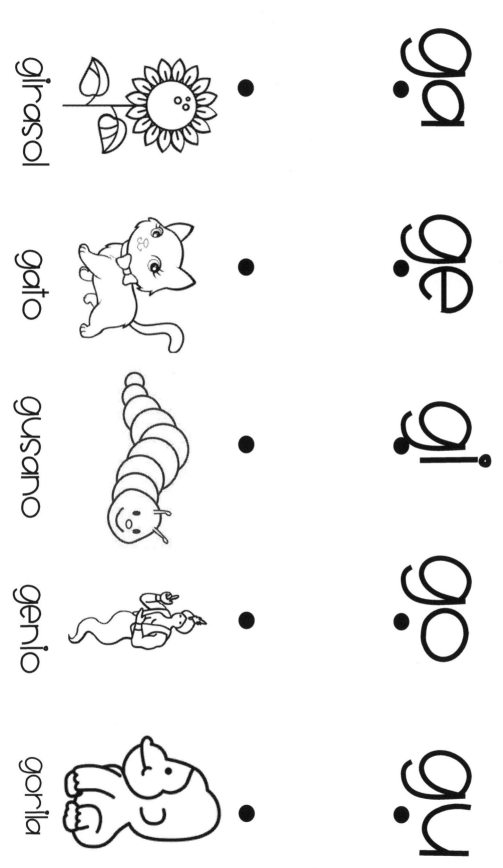

girasol   gato   gusano   genio   gorila

Trazo

Palabras que comienzan con:

ga	ge	gi	go	gu
gato	gorro	girasol	genio	gusano
gusto	gema	garra	gis	gota
gimnasta	goma	gel	guante	galleta

La sílaba que falta

escribe en cada espacio la sílaba que falta.

ga ge gi go gu

____ rra

____ ante

____ llina

____ gante

____ rila

____ rasol

____ ma

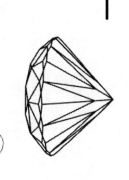

____ ma

Dictado

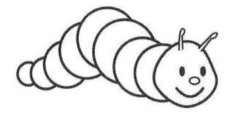

1.- _____

2.- _____

3.- _____

4.- _____

5.- _____

DIBUJA ALGO QUE COMIENCE CON LA LETRA

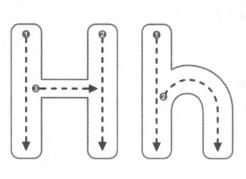

ENCUENTRA LA LETRA Y COLOREA

H	u	s	Y	H
h	H	H	f	h
h	D	i	h	o
Z	H	H	U	H
S	J	h	R	k

TRAZA

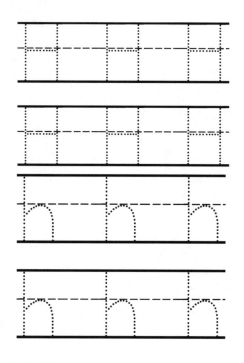

SIGUE LOS NÚMEROS Y CONECTA LOS PUNTOS

8 •   • 9
7 •   • 10
6 •   • 11
5 •   • 12   13   14   15   16   17
4 •   • 37   36   35   34   33   32 •   • 25
3 •   • 38
2 •   • 39
1 •   • 40

20 •   • 21
19 •   • 22
18 •   • 23
    • 24
31 •   • 26
30 •   • 27
29 •   • 28

1 •   • 31
2 •   • 30
3 •   • 29
4 •   • 28   26   25
  27 •
5 •   • 24
6 •   • 13   14   15   16 •   • 23
7 •   • 12   17 •   • 22
8 •   • 11   18 •   • 21
9 •   • 10   19 •   • 20

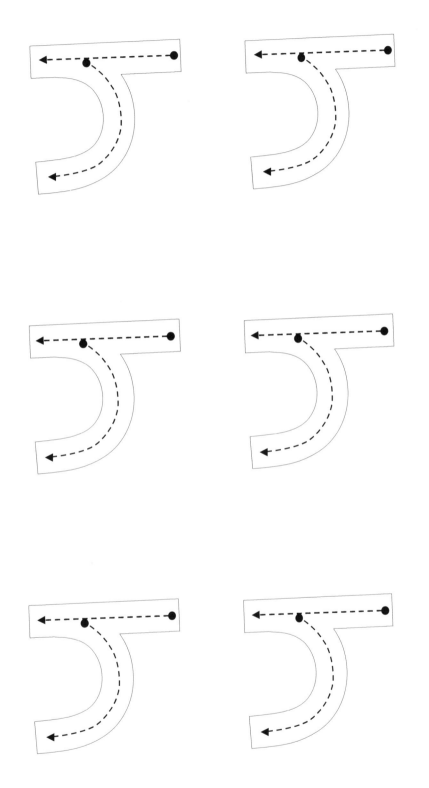

Letra h

traza la letra que corresponde y sigue su dirección.

Letra h

pronuncia la letra con la vocal y descubre la sílaba.

ha	↑	h + a
he	↑	h + e
hi	↑	h + i
ho	↑	h + o
hu	↑	h + u

palabras que comienzan con:

Une con una línea la sílaba con el dibujo correspondiente.

ha   he   hi   ho   hu

•   •   •   •   •

•

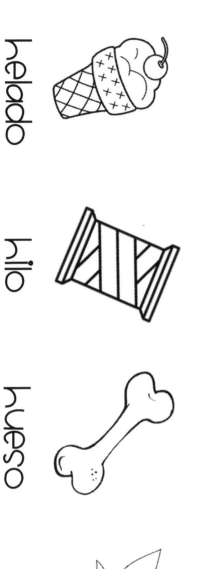

helado

•

hilo

•

hueso

•

hada

•

hoguera

Trazo

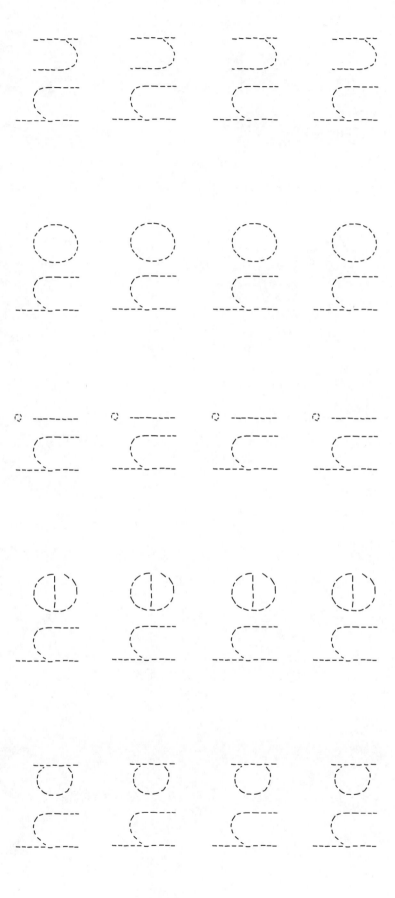

Palabras que comienzan con:

ha	he	hi	ho	hu

hada	helio	hilo	hola	humo
hueso	hambre	hombre	hija	hermosa
hamburguesa	héroe	hoguera	huevo	hielo

La sílaba que falta

escribe en cada espacio la sílaba que falta.

ha   he   hi   ho   hu

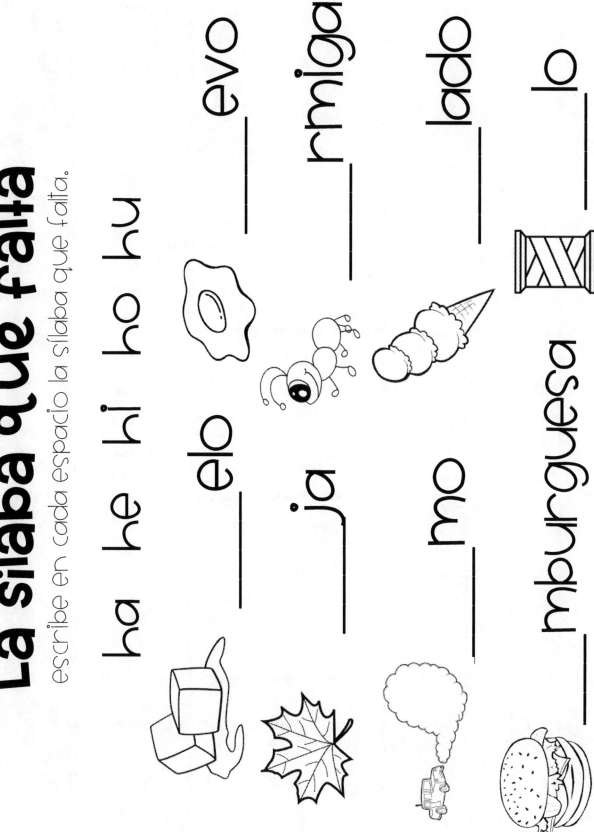

___evo

___rmiga

___lado

___lo

___elo

___ja

___mo

mbur guesa

ha___

___mbur guesa

Dictado

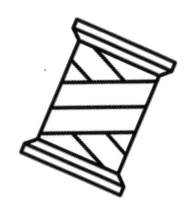

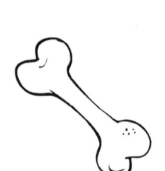

1.- _____

2.- _____

3.- _____

4.- _____

5.- _____

Letra ch

traza la letra que corresponde y sigue su dirección.

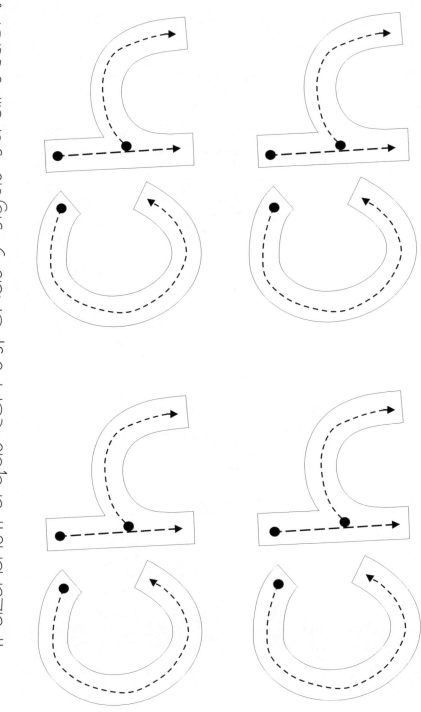

Letra ch

pronuncia la letra con la vocal y descubre la sílaba.

Ch + a ➡ Cha

Ch + e ➡ Che

Ch + i ➡ Chi

Ch + o ➡ Cho

Ch + u ➡ Chu

Palabras que comienzan con:

une con una línea la sílaba con el dibujo correspondiente.

cha che chi cho chu

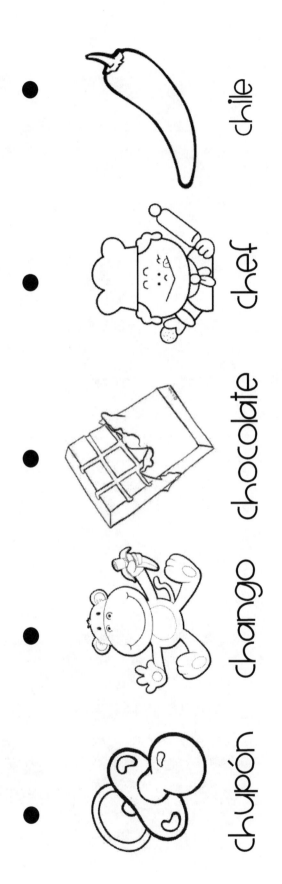

chile

chef

chocolate

chango

chupón

Trazo

Palabras que comienzan con:

cha	che	chi	cho	chu

chef	chongo	choza
chocolate	chupón	chivo
chango	chile	cheque
churro	chetos	chaparro
chispa	charro	chuleta

La sílaba que falta

escribe en cada espacio la sílaba que falta.

cha che chi cho chu

_____ pón

_____ ngo

_____ le

_____ f

_____ cle

_____ rro

_____ za

_____ rro

Dictado

1.- _____

2.- _____

3.- _____

4.- _____

5.- _____

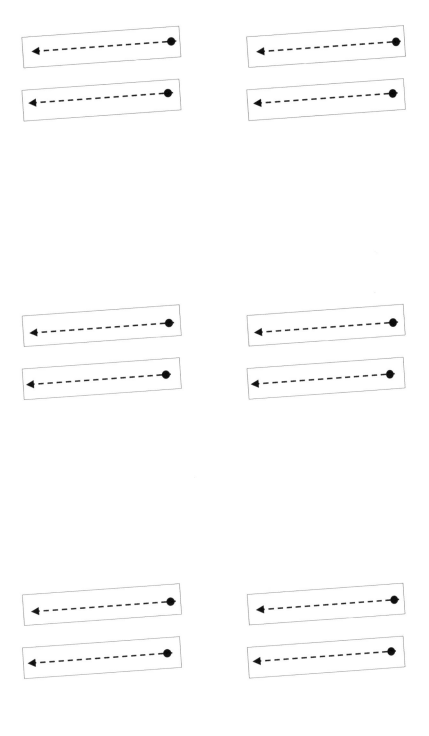

Letra ll

pronuncia la letra con la vocal y descubre la sílaba.

a	e	i	o	u
↑	↑	↑	↑	↑

a	e	i	o	u
+	+	+	+	+
=	=	=	=	=

Palabras que comienzan con:

lla   lle   lli   llo   llu

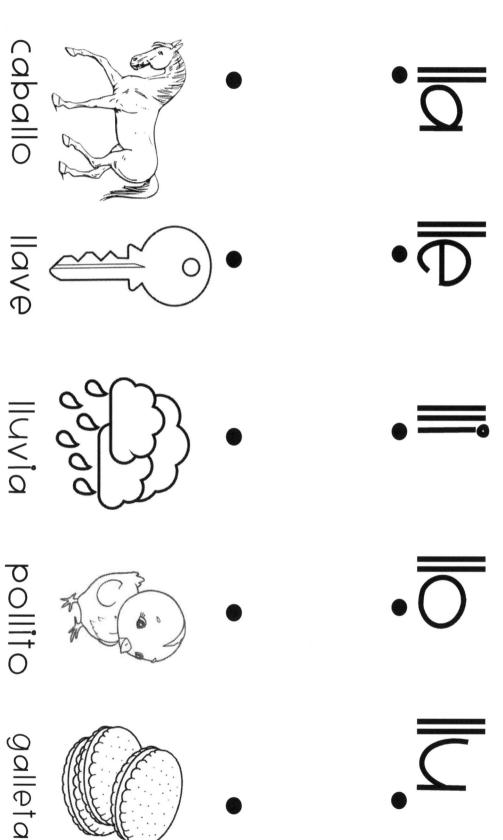

caballo   llave   lluvia   pollito   galleta

Trazo

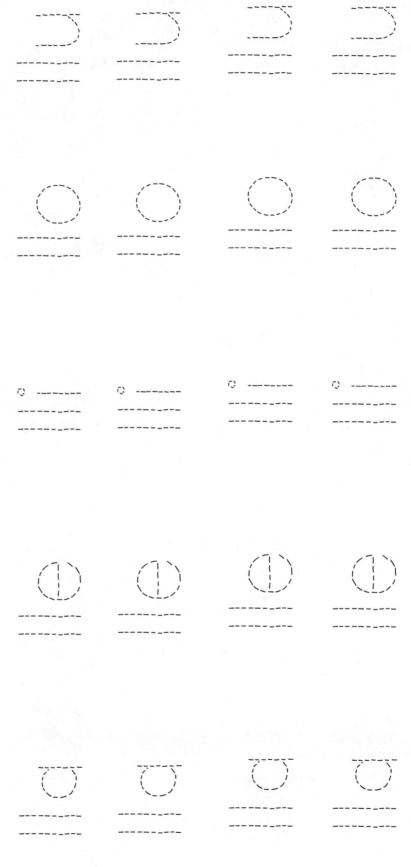

Palabras que comienzan con:

lla	lle	lli	llo	llu
llavero	lleno	pollito	lluvia	cabello
caballo	llanto	billete	gallina	lluvioso
llanta	ballena	zorillo	sillita	polluelos

La sílaba que falta

escribe en cada espacio la sílaba que falta.

lla   lle   lli   llo   llu

ca ba _____

_____ ta

_____ nta

ga _____ na

po _____ to

_____ vero

_____ ca

bi _____ te

Dictado

1.- _____

2.- _____

3.- _____

4.- _____

5.- _____

DIBUJA ALGO QUE COMIENCE CON LA LETRA

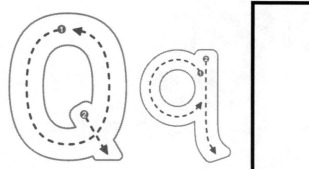

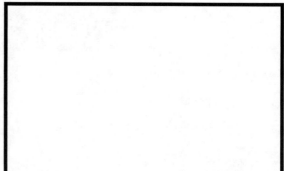

ENCUENTRA LA LETRA Y COLOREA

Q	e	q	Q	E
q	y	D	Q	F
u	W	F	q	Q
S	q	p	F	q
k	Q	q	d	Q

TRAZA

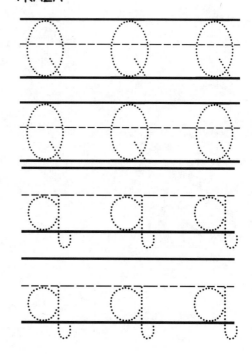

SIGUE LOS NÚMEROS Y CONECTA LOS PUNTOS

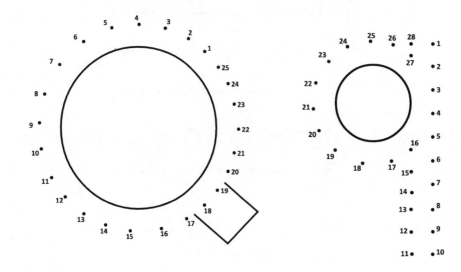

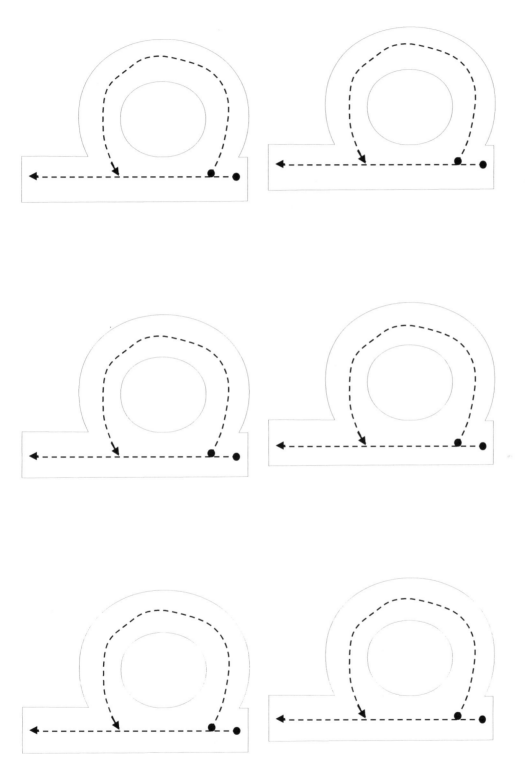

Letra q

pronuncia la letra con la vocal y descubre la sílaba.

qu + e → que

qu + i → qui

Palabras con...

une con una línea la sílaba con el dibujo correspondiente.

que

qui

queso

máquina

paquete

mosquito

raqueta

Trazo

que que

que que

que que

que que

que que

que que

Palabras con....

que

queso	maniquí	quinto
paquete	maqueta	orquesta
máquina	quinque	pequeño

qui

mantequilla	panque	
esquimal	peluquero	
raqueta	barquito	

La sílaba que falta

escribe en cada espacio la sílaba que falta.

que   quí   qui

ma _____ na

_____ so

bar _____ to

pelu _____ ro

quin _____

_____ nce

pan _____

es _____ mal

Dictado

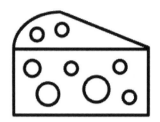
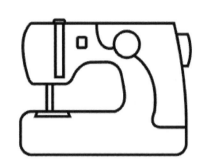

1.- _____

2.- _____

3.- _____

4.- _____

5.- _____

DIBUJA ALGO QUE COMIENCE CON LA LETRA

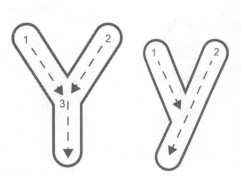

ENCUENTRA LA LETRA Y COLOREA

Y	T	y	u	Y
A	e	y	G	Y
y	d	y	Y	K
Y	Y	h	z	y
p	y	Y	w	Y

TRAZA

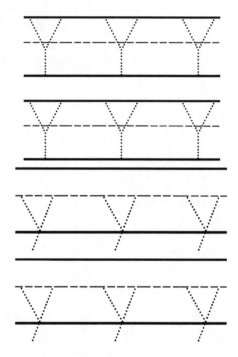

SIGUE LOS NÚMEROS Y CONECTA LOS PUNTOS

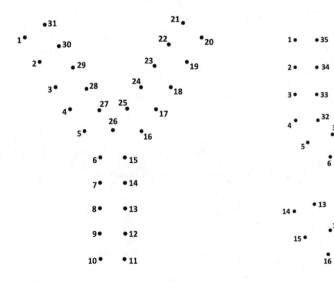

Traza la letra que corresponde y sigue su dirección.

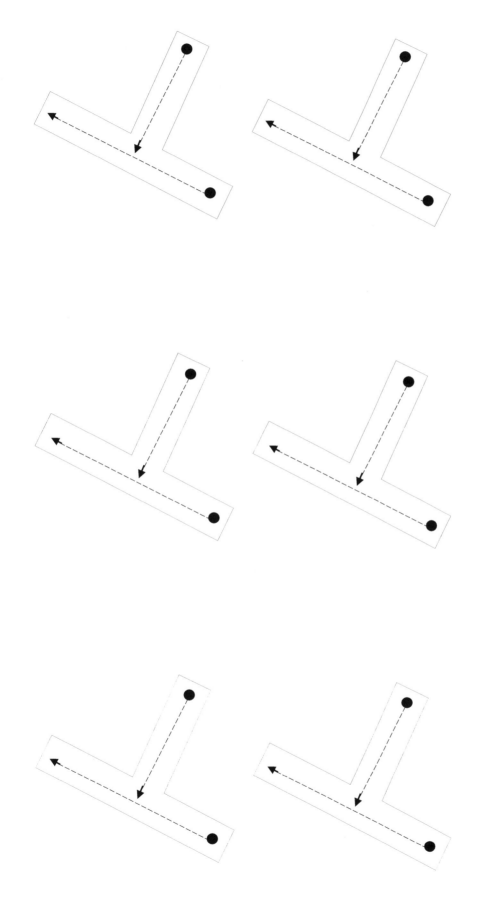

Letra y

pronuncia la letra con la vocal y descubre la sílaba.

Palabras con...

une con una línea la sílaba con el dibujo correspondiente.

ya   ye   yi   yo   yu

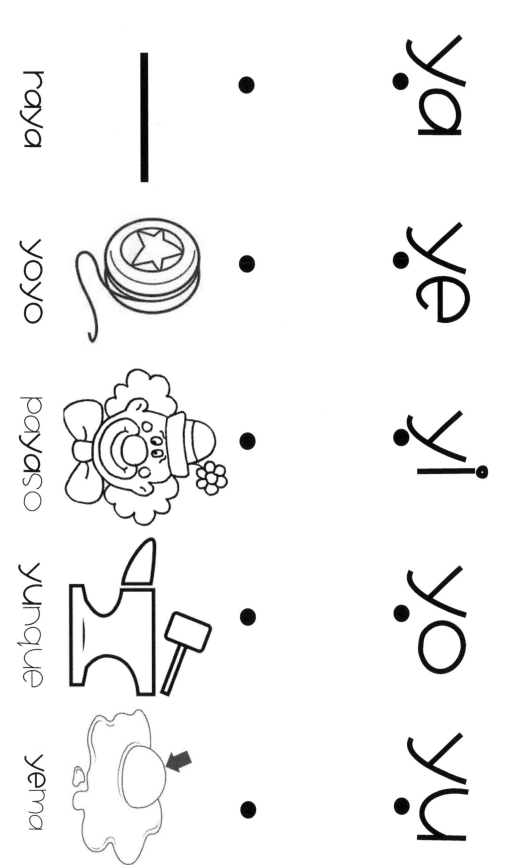

raya   yoyo   payaso   yunque   yema

Trazo

Palabras con...

ya	ye	yi	yo	yu

maya · cayo · yuca · hoyito · yogurt
yeso · raya · raya · yegua · playa
yoyo · yoga · yema · yunque · yute

La sílaba que falta

escribe en cada espacio la sílaba que falta.

ya ye yi yo yu

___ yo

___ ma

pla ___

___ pa

n ___ que

ra ___

___ gua

___ gurt

Dictado

1.- _____

2.- _____

3.- _____

4.- _____

5.- _____

Letra gu

traza la letra que corresponde y sigue su dirección.

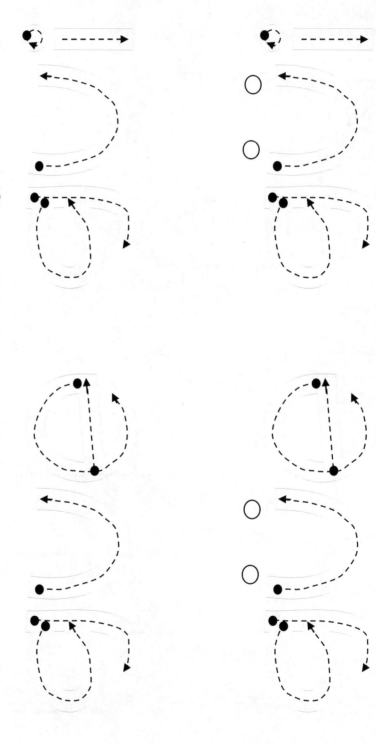

Letra gu

pronuncia la letra con la vocal y descubre la sílaba.

gu + e → gue

gu + i → gui

gu + e → güe

gü + i → güi

Palabras con...

une con una línea la sílaba con el dibujo correspondiente.

güe   güi   gui   gue

pingüino   cigüeña   guitarra   manguera   hormiguero

Trazo

gue gue güi güi

güe güe gui gui

güi güi gue gue

gue güe güi gue

Palabras con...

que	gui	güe	güi

---

manguera	pingüino	tortuguita	guisado	vergüenza
cigüeña	ungüento	guerrero	agüita	juguetes
Miguel	guisante	paragüero	guindo	yegüita

La silaba que falta

escribe en cada espacio la sílaba que falta.

que   gui   güe   güi

hormi ___ ro

man ___ ra

di ___ ña

___ sante

___ tarra

ju ___ te

pin ___ no

un ___ nto

Dictado

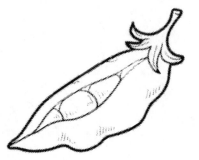

1.- _____

2.- _____

3.- _____

4.- _____

5.- _____

Letra ge, gi

traza la letra que corresponde y sigue su dirección.

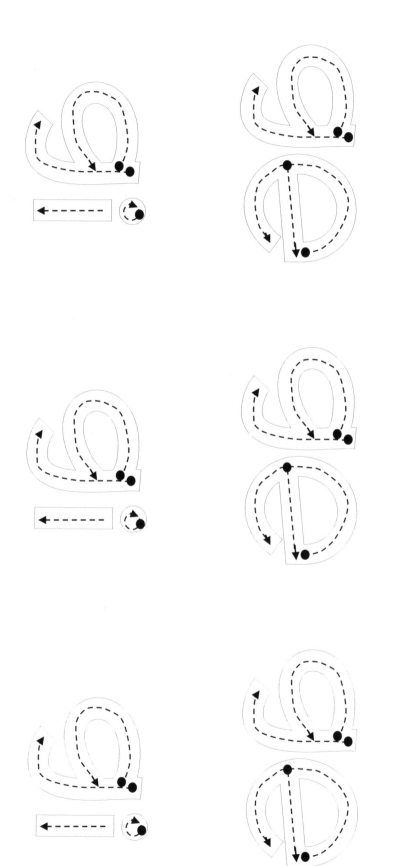

Letra ge, gi

pronuncia la letra con la vocal y descubre la sílaba.

g + e → ge

g + i → gi

Palabras con...

une con una línea la sílaba con el dibujo correspondiente.

ge

gi

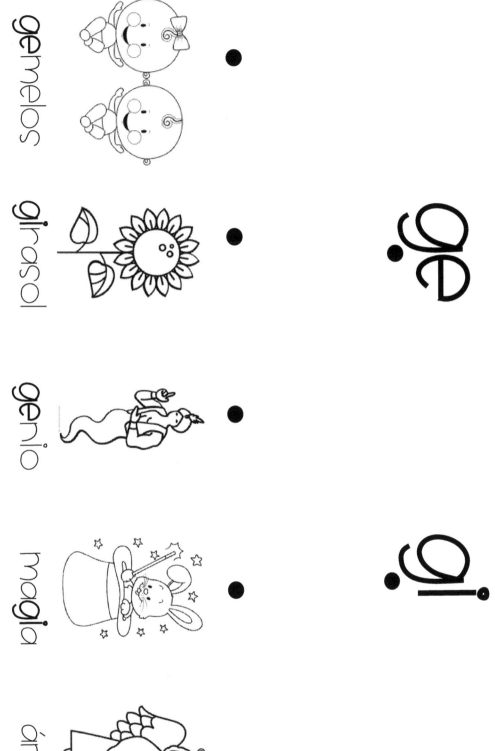

gemelos

girasol

genio

magia

ángel

Trazo

Palabras con...

ge

gi

ge	ge	ge
genio	gitana	gemelos
magia	gente	gigante
agenda	girasol	ángel

gi	gi	gi
magenta	gimnasta	página
colegio	gelatina	gis

La sílaba que falta

escribe en cada espacio la sílaba que falta.

ge ___ gi ___ o ___

melos ___ cole ___

latina ___ an ___

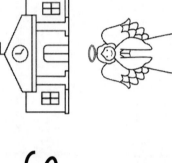

ma ___ a ___ pa ___ na ___

rasol ___  nlu ___

Dictado

1.- _____

2.- _____

3.- _____

4.- _____

5.- _____

Letra c

traza la letra que corresponde y sigue su dirección.

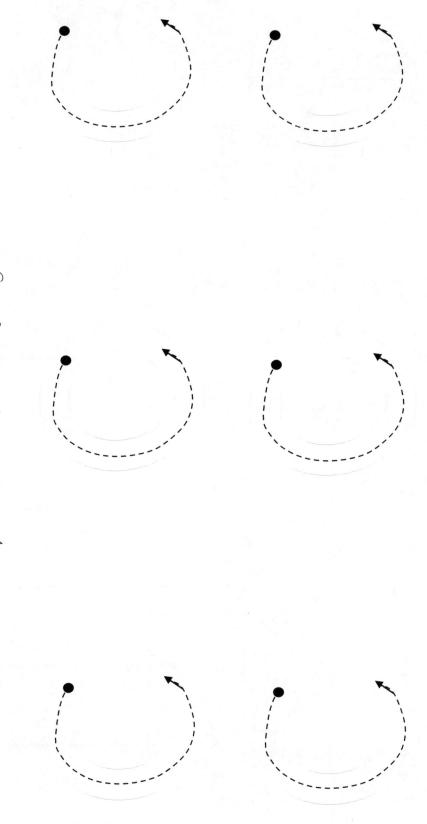

Letra c

pronuncia la letra con la vocal y descubre la sílaba.

c + e → ce

c + i → ci

Palabras con...

une con una línea la sílaba con el dibujo correspondiente.

di

ce

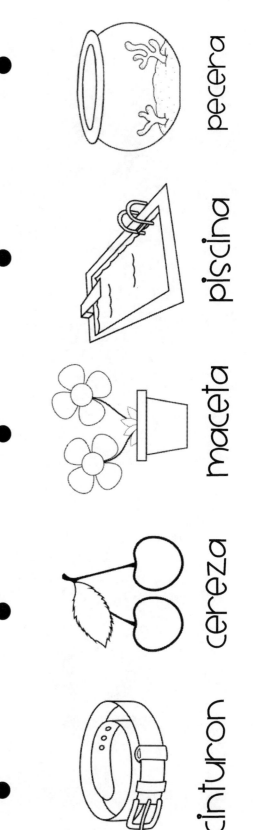

pecera   piscina   maceta   cereza   cinturon

Trazo

Palabras que comienzan con:

ci

ce

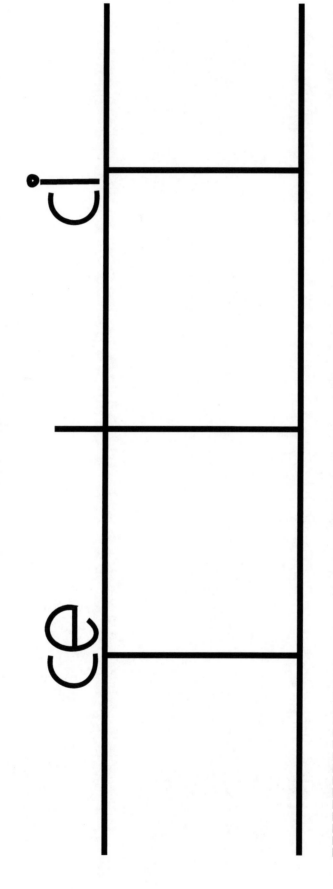

cena	circo	cebolla	cinturón	cepillo
pecera	policía	receta	cereza	piscina
cinco	maceta	cima	cocina	decena

La sílaba que falta

escribe en cada espacio la sílaba que falta.

ce   di   pi

___ nturón

___ reza

___ rco

___ na

___ nco

ma ___ ta

___ rco

pe ___ ra

___ pillo

Dictado

1.- _____

2.- _____

3.- _____

4.- _____

5.- _____

DIBUJA ALGO QUE COMIENCE CON LA LETRA

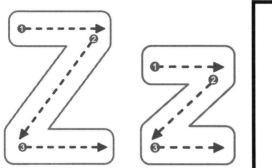

ENCUENTRA LA LETRA Y COLOREA

Z	z	F	J	L
j	z	f	g	Z
S	F	p	H	z
z	e	Z	z	y
Z	q	z	d	Z

TRAZA

SIGUE LOS NÚMEROS Y CONECTA LOS PUNTOS

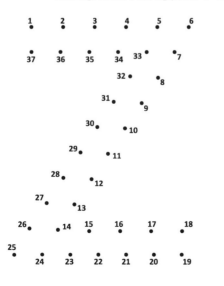

Letra z

traza la letra que corresponde y sigue su dirección.

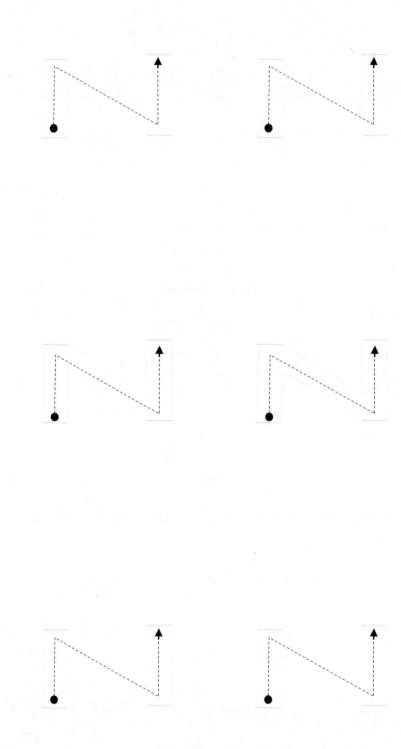

Letra z

z + a → za
z + e → ze
z + i → zi
z + o → zo
z + u → zu

Palabras que comienzan con:

une con una línea la sílaba con el dibujo correspondiente.

za   ze   zi   zo   zu

•   •   •   •   •

•   •   •   •   •

pizzería   zigzag   zurdo   zapato   pozo

Trazo

Palabras que comienzan con:

za	ze	zi	zo	zu

Zorrillo	pizza	zorro	azúcar	zumo
zapato	zoológico	zipper	mazo	calabaza
zigzag	zanahoria	buzo	manzana	cabeza

La sílaba que falta

escribe en cada espacio la sílaba que falta.

za   ze   zi   zo   zu

pi___z

___rdo

___pato

___rro

___gzag

cala___ba

po___

a___car

Dictado

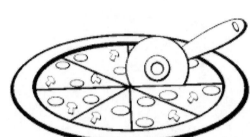

1.- _____

2.- _____

3.- _____

4.- _____

5.- _____

DIBUJA ALGO QUE COMIENCE CON LA LETRA

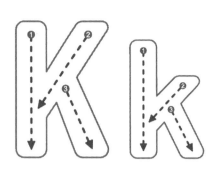

ENCUENTRA LA LETRA Y COLOREA

K	s	f	S	k
G	k	P	d	K
k	K	K	t	k
E	k	a	h	K
T	K	X	k	L

TRAZA

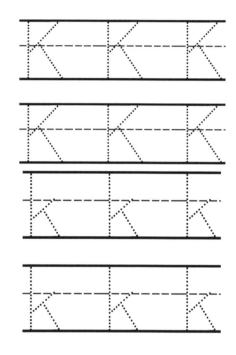

SIGUE LOS NÚMEROS Y CONECTA LOS PUNTOS

Letra k

traza la letra que corresponde y sigue su dirección.

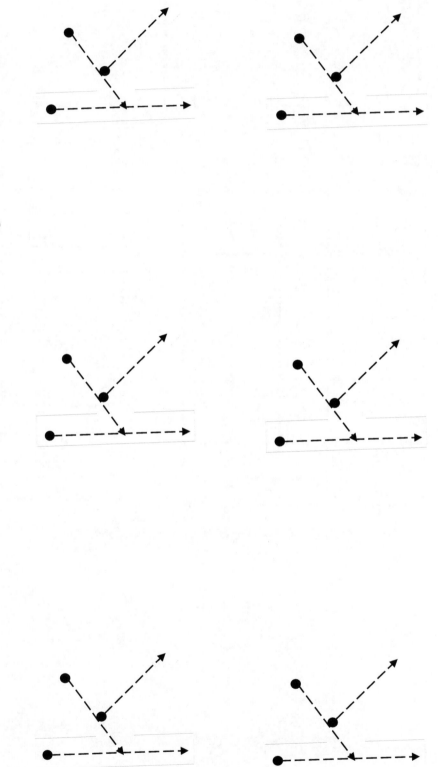

Letra k

pronuncia la letra con la vocal y descubre la sílaba.

k + c = ku

k + o = ko

k + i = ki

k + e = ke

k + a = ka

Palabras que comienzan con:

une con una línea la sílaba con el el dibujo correspondiente.

ka • ke • ki • ko • ku •

•

kiwi   koala   kétchup   kung- fu   karate

Trazo

Palabras que comienzan con:

ka	ke	ki	ko	ku

kayak kung fu Karen kiwi kimono

karate kínder kétchup bikini koala

kermés kilo Alaska kiosco Tokio

La sílaba que falta

escribe en cada espacio la sílaba que falta.

ka ke ki ko ku

_____ wi

_____ lo

bi _____ ni

_____ ala

_____ rate

_____ mono

_____ ngfu

Dictado

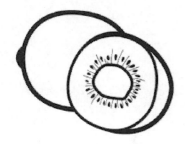

1.- _____

2.- _____

3.- _____

4.- _____

5.- _____

DIBUJA ALGO QUE COMIENCE CON LA LETRA

ENCUENTRA LA LETRA Y COLOREA

W	J	f	D	w
s	w	I	t	W
S	D	W	D	j
w	d	l	W	w
W	P	x	w	W

TRAZA

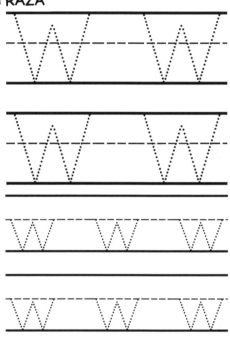

SIGUE LOS NÚMEROS Y CONECTA LOS PUNTOS

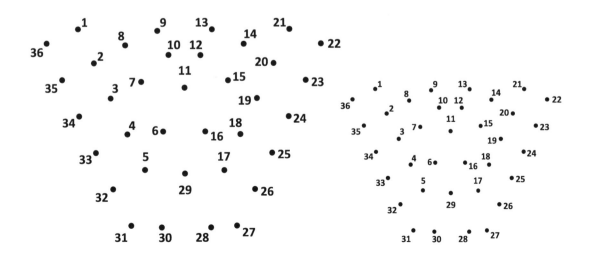

DIBUJA ALGO QUE COMIENCE CON LA LETRA

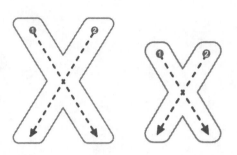

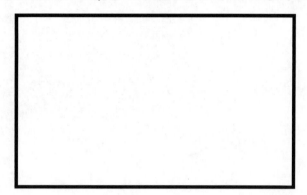

ENCUENTRA LA LETRA Y COLOREA

TRAZA

x	X	S	T	X
d	L	i	X	x
V	x	X	W	y
X	c	U	t	x
H	B	x	X	J

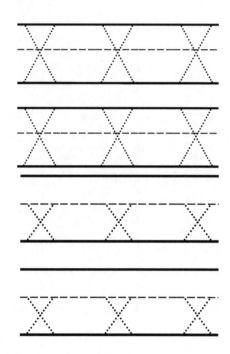

SIGUE LOS NÚMEROS Y CONECTA LOS PUNTOS

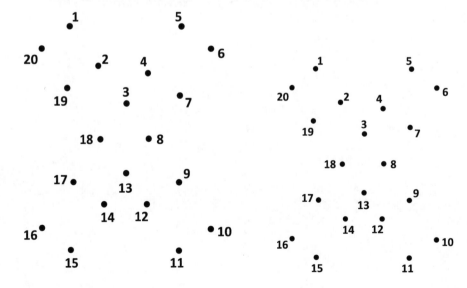

ESTAMOS MUY ORGULLOSOS DE TI
POR TERMINAR ESTE LIBRO

¡FELICIDADES!

Lo que aprendí fue:

 1

 2

 3

 4

5

Made in United States
Troutdale, OR
12/01/2024